ŒUVRES CHOISIES

DE

PIERRE DE RONSARD

BIBLIOTHEQUE CHOISIE
à 1 fr. 75 c. le volume.

Ouvrages terminés :

MÉMOIRES DE SAINT-SIMON, tome 1 à 30. L'édition aura 40 volumes, et sera terminée en décembre.

LES HISTORIETTES DE TALLEMANT DES RÉAUX; 10 vol. (Complet.)

SOUVENIRS DE LA MARQUISE DE CRÉQUY; 9 vol. (Complet.)

MÉMORIAL DE SAINTE-HÉLÈNE; 9 vol. (Complet.)

OEUVRES POLITIQUES ET LITTÉRAIRES DE NAPOLÉON; 1 vol.

L'HOMME AU MASQUE DE FER, par le bibliophile Jacob; 1 vol.

LETTRES SUR LE NORD, par X. Marmier; 2 vol. (Complet.)

OEUVRES DE GILBERT, avec une préface par Charles Nodier; 1 vol.

POÉSIES DE J. REBOUL DE NIMES; 1 vol.

L'AME EXILÉE, par Anna Marie; 1 vol.

LE MAÇON, par Michel Raymond; 2 vol. (Complet.)

FORTUNIO, par Th. Gauthier; 1 vol.

LE CHEVALIER DE SAINT-GEORGES, par Roger de Beauvoir; 1 vol. (Complet)

MACBETH, par Shakespeare, traduction littérale en vers par Jules Lacroix; 1 vol.

LE MOINE, par G. Lewis, traduction nouvelle par Léon de Wailly; 1 vol.

FRAGOLETTA, par H. Delatouche; 2 vol.

SOUS LES TILLEULS, par Alphonse Karr; 2 vol.

Sous presse.

OEUVRES DE MALFILATRE; 1 vol.

IMPRIMERIE DE H. FOURNIER ET COMP.,
7, RUE SAINT-BENOIT.

Pierre de Ronsard.

ŒUVRES CHOISIES

DE

PIERRE DE RONSARD

Avec des Notes explicatives du Texte et une Notice biographique

PAR

PAUL L. JACOB, BIBLIOPHILE

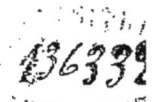

PARIS

| H. L. DELLOYE | GARNIER FRÈRES, |
| PLACE DE LA BOURSE, 13 | PALAIS-ROYAL, 214 BIS. |

1841

NOTICE BIOGRAPHIQUE

SUR

PIERRE DE RONSARD.

A M de Sainte-Beuve.

C'est à vous, mon ami, que j'offre cette édition extraite de celle que vous avez publiée, il y a douze ans, comme une éclatante réparation de l'injustice des deux derniers siècles à l'égard de Ronsard ; c'est vous qui avez osé tirer de l'oubli et même du mépris cette grande renommée poétique pour la replacer à son rang avec honneur dans notre littérature française ; c'est vous qui avez réhabilité dans l'opinion une de nos vieilles gloires nationales, en cassant les arrêts iniques ou absurdes de Malherbe et de Boileau ; c'est vous, en un mot, qui nous avez rendu Ronsard, par une espèce de révolution littéraire, dans laquelle votre beau talent de poète et de critique a triomphé des répugnances et des préjugés ; c'est donc vous qu'il faut remercier de ce qu'on réimprime aujourd'hui les Œuvres choisies de Ronsard.

Pierre de Ronsard naquit le 10 septembre 1524, au château de la Poissonnière dans le Vendômois. Son père, Louis de Ronsard, maître d'hôtel de François Ier et chevalier de l'Ordre, rattachait sa généalogie à une très ancienne noblesse de Hongrie et faisait remonter au règne de Philippe de Valois l'établissement d'un Baudoin de Ronsard en France ; sa mère, Jeanne Chaudier, appartenait aussi à une famille noble, qui comptait plusieurs vaillants chevaliers parmi ses ancêtres. Pierre de Ronsard fut le dernier de quatre fils vivants, et n'ayant rien à prétendre dans l'héritage des armes et des biens paternels, il eut besoin de devenir lui-même l'auteur de sa fortune : cette nécessité le fit poète.

Deux accidents avaient failli arrêter sa vie au berceau : lorsqu'on le portait à l'église du village de Couture pour y être baptisé, sa nourrice le laissa tomber sur l'herbe sans lui faire aucun mal ; et, peu de jours après, une *damoiselle*, qui tenait à la main un vase plein d'eau de roses, le renversa par mégarde sur la tête de l'enfant sans le blesser ni même l'incommoder. « C'était dit Claude Binet, biographe contemporain de Ronsard, *un présage des bonnes odeurs dont il devait remplir toute la France, des fleurs de ses écrits.* »

Élevé par un précepteur au château de la Poissonnière, jusqu'à l'âge de neuf ans, son père l'envoya alors continuer ses études à Paris, au collége de Navarre. Ce genre de vie, que rendait plus pénible au jeune Ronsard la rigide pédanterie de son régent nommé de Vailly, lui sembla tellement insupportable au bout de six mois, qu'il demanda de suivre la carrière des armes pour échapper à l'ennui de l'esclavage scolaire. Il vint à Avignon, où étaient le roi et la cour. Sa naissance et sa figure le firent admettre comme page au service du duc d'Orléans, fils de François Ier. Non seulement il était beau et bien fait, mais il excellait déjà dans tous les exercices d'adresse qu'on exigeait des pages; la danse, la lutte, l'escrime et l'équitation. Son intelligence ne restait pas en arrière du développement précoce de son corps, et il avait déjà de l'esprit dans un âge où l'on n'a pas même encore de la raison.

Le duc d'Orléans, enchanté de la gentillesse de son petit page, consentit pourtant à s'en séparer en faveur de Jacques Stuart, roi d'Écosse, qui retournait dans son royaume avec sa nouvelle épouse Marie de Lorraine. Pierre de Ronsard demeura trente mois en Écosse, puis six autres à la cour d'Angleterre qui ne voulait plus le rendre à celle de France. Cependant il rentra dans la maison du duc d'Orléans, qui lui témoigna une confiance particulière en le chargeant, tout jeune qu'il fût, de certains messages secrets pour la Flandre, la Zélande et l'Écosse. Le vaisseau qui le portait dans ce dernier pays avec le sieur de Lassigny, gentilhomme français, eut tellement à souffrir de la mer durant trois jours de tempête, qu'il s'ouvrit et coula bas avec toute sa cargaison à l'entrée du port. Ronsard eut le bonheur de gagner la terre, sauvé du naufrage comme un autre Arion, dit son biographe Claude Binet.

De retour en France, à peine âgé de seize ans, il *sortit hors de page* et accompagna, en qualité de secrétaire, le savant Lazare de Baïf, ambassadeur du roi à la diète de Spire. Il alla ensuite remplir les mêmes fonctions auprès du seigneur de Langey du Bellay, lieutenant du roi en Piémont. Dans ce voyage, il apprit la langue italienne comme il avait appris la langue anglaise à Londres et la langue allemande à Spire. Une grave maladie qui lui survint au moment où il reparut à la cour, l'empêcha de se consacrer aux emplois diplomatiques, en le laissant affligé d'une surdité qu'il garda toute sa vie.

« Sa grâce et sa beauté, dit Cl. Binet, le rendait agréable à tout le monde, car il était d'une stature fort belle, auguste et martiale, avait les membres forts et proportionnés, le visage noble, libéral et vraiment français, la barbe blondoyante, cheveux châtains, nez aquilin, les yeux pleins de douce gravité et les yeux fort sereins. » Mais son infirmité s'opposait à ce qu'il profitât de ces avantages naturels pour s'avancer dans les honneurs de la cour, *où il faut plutôt être muet que sourd*, dit Cl. Binet, *et il pensa de transférer l'office des oreilles aux yeux par la lecture des bons livres*. Il avait lu les poëtes, il les avait même étudiés, tandis qu'il était page, sous l'inspiration d'un de ses camarades, qui lui fit connaître le premier les *beaux traits* de Virgile et qui lui donna le goût de la littérature ancienne. Ronsard, qui n'avait appris que les éléments de la langue latine, regrettait son ignorance en fortifiant son éducation poétique dans les œuvres de Jean de Meung, de Coquillard, de Jean Lemaire de Belges, et de Clément Marot.

Il songea donc à recommencer sérieusement ses études, quoique son père lui eût défendu de s'adonner aux lettres et même *de tenir aucun livre français*. Il était alors attaché à l'Écurie du roi, et tous les soirs il s'échappait de l'hôtel des Tournelles, avec son compagnon le sieur de Carnavalet, traversait la rivière et s'en allait secrètement, dans le quartier de l'Université, prendre part aux leçons du célèbre helléniste Jean Daurat, qui enseignait la langue grecque au jeune Antoine de Baïf. La mort de son père en 1544 leva tous les obstacles qu'il rencontrait pour étendre son instruction : il quitta la cour, malgré la brillante fortune que lui promettait l'affection du Dauphin et des princes, avec lesquels il avait passé sa jeunesse dans une noble communauté de travaux et de plaisirs ; il se retira au collège de Coqueret et devint, comme son ami Antoine de Baïf, l'élève assidu de Jean Daurat qui avait été nommé principal de ce collège. Il vécut ainsi plus de cinq ans avec Antoine de Baïf, tous deux rivalisant de zèle et de courage pour se perfectionner dans les langues grecque et latine sous les yeux de Jean Daurat et du docte Adrien Turnèbe : *Ronsard qui avait demeuré en cour, accoutumé à veiller tard, étudiait jusques à deux heures après minuit, et, se couchant, réveillait Baïf qui se levait et prenait la chandelle et ne laissait refroidir la place.*

Ronsard et Baïf s'exerçaient, dès ce temps-là, à composer des vers français, et Jean Daurat lui-même engagea Ronsard à traduire et à rimer le Plutus d'Aristophane, qui, représenté en public dans le collège de Coqueret, *fut la première comédie jouée en France.* Cet essai réussit assez bien, pour que Ronsard le réitérât en s'efforçant de transporter l'ode de Pindare et d'Horace dans la langue française : *Voyant que notre langue était pauvre, il tâcha de l'enrichir de beaux épithètes, inventa mots nouveaux, renouvela les vieux et traça le chemin pour aller chercher des trésors en plus d'un lieu pour suppléer à sa nécessité.* Il fit paraître en 1548, à l'occasion du mariage de Jeanne d'Albret avec Antoine de Bourbon, duc de Vendôme, un épithalame qui produisit une révolution imprévue dans la poésie du seizième siècle.

Ce n'était plus cette poésie ou plutôt cette prose rimée, naïve, claire, spirituelle de Clément Marot et de ses imitateurs Melin de Saint-Gelais, Heroet et Salel ; c'était un langage tout nouveau, chargé de figures et d'images, pour exprimer des idées d'un ordre beaucoup plus élevé et plus solennel. Les poètes de l'école de Clément Marot, et Saint-Gelais à leur tête, protestèrent contre le novateur qui voulait, dirent-ils, *pindariser;* et s'efforcèrent de faire échouer par le ridicule cette *Réforme* littéraire que prêchait Ronsard. Mais celui-ci avait déjà nombre de prosélytes et de disciples : Antoine de Baïf, Joachim du Bellay, Lancelot Carle et quelques autres, qui se distinguèrent aussi dans les lettres, prirent la défense du chef de la nouvelle école, et Joachim du Bellay publia en 1549 son *Illustration de la langue française* comme l'évangile de leur religion poétique. Rabelais, se souvenant de ses anciens griefs contre Ronsard qu'il avait connu dans la maison du seigneur de Langey du Bellay, se déclara contre lui et le poursuivit souvent de sarcasmes amers, en présence du cardinal de Lorraine, qui avait appelé auprès de lui au château de Meudon le *Pindariseur :* Ronsard logeait seul dans une tour située au milieu du parc ; Rabelais était curé du village. Ces deux ennemis ne firent la paix qu'après une longue suite d'hostilités et peu de temps avant la mort du joyeux curé de Meudon.

La réconciliation de Ronsard avec Melin de Saint-Gelais, laquelle eut lieu par l'entremise du poète Guillaume des Autels, fit cesser aussitôt toutes les incertitudes de la cour, et la savante poésie de Ronsard fut acceptée par tout le monde avec une admiration qui ne devait pas lui survivre longtemps. Le reste de ses jours s'écoula dans une espèce de triomphe continuel. L'Académie des Jeux-Floraux lui envoya, au lieu de l'églantine destinée à récompenser les poètes, une statue de Minerve en argent massif, que le parlement et le peuple de Toulouse lui avaient décernée par acclamation. Henri II et François II le comblèrent de présents, de grâces et de pensions : les princes et les princesses, la cour toute entière, le proclamèrent le *prince des poètes* et Ronsard rassembla comme une auréole autour de lui six de ses amis : Belleau, Jodelle, Baïf, Daurat, Joachim du Bellay et Ponthus de Thiard, pour composer *la Pleyade française*.

Charles IX, qui s'honorait d'être poète autant que d'être roi, avait pris Ronsard en telle amitié qu'il ne paraissait se plaire qu'avec lui. Il ne pouvait se passer de la présence et de l'entretien de son poète, et même en voyage il l'emmenait avec les officiers de la maison du roi ; souvent il lui écrivait en vers, et l'on a retenu quelques uns de ces vers qui ont moins vieilli de forme et d'expression que les meilleurs de Ronsard.

Charles IX augmenta encore ses pensions et lui donna plusieurs bénéfices ecclésiastiques, les abbayes de Croix-Val et de Bellozane, les prieurés de Saint-Cosme, d'Evailles, etc. Cependant il avait soin que *le trop de bien ne le rendît paresseux à la muse*, et il disait *que le bon poète ne se devait non plus engraisser que le bon cheval*. Ronsard, qui ne s'était pas marié, entra dans les ordres et se fit prêtre pour prendre le titre d'*aumônier du roi*, et peut-être avec l'espoir de devenir évêque comme son ami Ponthus de Thiard. La prêtrise ne l'empêcha pas de continuer ses amours, qui lui avaient inspiré tant de sonnets, en allant de Marie à Cassandre et d'Astrée à Hélène ; car s'il se piquait de surpasser Pétrarque, ce n'était pas en constance amoureuse.

Après la mort de Charles IX, il quitta la cour : il se sentait vieux et infirme ; il s'apercevait d'ailleurs que Henri III préférait la chasse et la paume à la poésie : il ne pouvait donc prétendre à balancer le crédit des mignons du roi. Affligé de la goutte et de la gravelle, il se retira dans son abbaye de Croix-Val, à l'ombre de la forêt de Gastines et aux bords de la fontaine Bellerie qu'il avait si souvent chantées. Là, *bien souvent seul, mais toujours en la compagnie des muses, il s'égarait pour rassembler ses belles inventions*; il s'occupait de jardinage et greffait lui-même ses poiriers ; il se livrait à l'étude des anciens et à la société de quelques amis, entouré d'une espèce de culte d'admiration et assistant par avance à son immortalité. *Il aimait surtout les hommes studieux, vertueux et de nette conscience... Ses mœurs, comme aussi ses écrits, portaient toujours je ne sais quoi de noble au front, et en toutes ses actions on voyait reluire les effets d'un vrai gentilhomme.*

Il ne reparaissait à Paris que pour y voir Pierre Galland, principal du collège de Boucourt, qu'il chérissait comme son propre fils ; bientôt ses infirmités ne lui permirent plus ces fréquents voyages, et la goutte le retint perclus dans son lit, pendant les premiers mois de l'année 1585. Le 22 octobre, il écrivit à Pierre Galland, *qu'il était devenu fort faible et fort maigre depuis quinze jours, qu'il craignait que les feuilles d'automne ne le vissent tomber avec elles.* On l'avait transporté de Saint-Côme à Croix-Val, et sa faiblesse augmentant avec ses douleurs nerveuses, il craignait que Galland n'arrivât pas à temps pour lui fermer les yeux. Mais quoiqu'il eût perdu tout-à-fait le sommeil et l'appétit, il vécut et il souffrit encore deux mois après avoir fait son testament. Ces deux mois furent partagés entre la religion et la poésie : il était revenu à Saint-Cosme, au milieu de ses religieux qu'il exhortait *à bien vivre et à vaquer soigneusement à leur devoir* ; il se composa deux ou trois épitaphes, et choisit celle-ci pour être gravée sur son tombeau :

> Ronsard repose ici, qui, hardi dès enfance,
> Détourna d'Hélicon les Muses en la France,
> Suivant le son du luth et les traits d'Apollon.
> Mais peu valut sa muse encontre l'aquilon
> De la Mort, qui, cruelle, en ce tombeau l'enserre.
> Son âme soit à Dieu, son corps soit à la terre.

Il mourut dans la nuit du vendredi 27 décembre 1585 : ses dernières paroles furent des vers recueillis sous sa dictée par les religieux, qui récitaient dans sa chambre les prières des agonisants.

On l'enterra sans pompe dans l'église de son prieuré ; mais l'année suivante, ses amis et ses admirateurs célébrèrent sa mémoire dans une grande cérémonie, qui eut lieu le 24 février en la chapelle du collège de Boncourt, toute tendue de noir, et décorée des armes de la maison de Ronsard. Après une messe en musique chantée *par l'élite de tous les enfants des Muses*, Duperron, depuis évêque d'Évreux et cardinal, prononça l'oraison funèbre, et ensuite les poètes représentèrent eux-mêmes une églogue dramatique composée par Claude Binet en l'honneur de *l'Homère* et du *Virgile de la France*. On publia alors plusieurs volumes de pièces en tous genres et dans toutes les langues, sur la perte irréparable que les lettres venaient de faire, et vingt ans après, Malherbe, qui avait usurpé la couronne poétique de son temps, jetait au feu les œuvres de Ronsard, et déclarait ne pas vouloir en approuver un seul vers !

P. L. Jacob, Bibliophile.

TABLE.

	Pages.
Notice sur Pierre Ronsard...............................	I
Amours de Cassandre....................................	1
Stances...	9
Amours de Marie..	14
Chanson..	17
Chanson..	19
Le voyage de Tours, ou les Amoureux....................	20
Chanson..	33
Amourette..	36
La Quenouille..	38
Chanson..	39
Chanson..	44
Élégie..	46
Amours d'Astrée..	52
Élégie du Printemps, adressée à Isabeau, sœur d'Astrée...	54
Poésies pour Hélène....................................	58
Élégie..	64
Amours diverses. — Au seigneur de Villeroy en lui envoyant le livre d'Amours diverses....................	67
Chanson..	71
Vœu à Vénus, pour garder Cypre contre l'armée du Turc...	73
Odes. — A Michel de L'Hospital, chancelier de France.....	76
Au sieur Bertrand......................................	87
A Cassandre..	91
A sa lyre...	Ib.
A sa Maîtresse...	94
A la même...	96
A une jeune fille.......................................	97
A la fontaine Bellerie...................................	99
A son page...	100
A la forêt de Gastine...................................	101
A Cassandre..	102
A son laquais..	104
Au sieur Robertet......................................	106
A Joachim du Bellay...................................	110
A la fontaine Bellerie...................................	111

	Pages.
A mes Dames, filles du roi Henri II.	112
A Charles de Pisseleu	118
A Odet de Colligny, cardinal de Chastillon	120
L'élection de son sépulchre	122
A un Aubespin	133
A Remy Belleau	134
Odelette	139
Louanges de la rose	Ib.
Louanges de la rose et de la violette	142
Odelette	151
Magie, ou délivrance d'amour	152
LE BOCAGE ROYAL.—Au roy Henri III	156
Au même, après son retour de Pologne	159
Au même	161
A la reine-mère Catherine de Médicis, qui voyageait dans le royaume avec ses fils Charles IX et Henri, duc d'Anjou, depuis roi	162
A Jean Galland, principal du collége de Boncourt	167
Le verre	170
ÉGLOGUES	175
Les Pasteurs	184
ÉLÉGIES	194
A Genèvre	196
A Genèvre	203
Contre les bûcherons de la forêt de Gastine	206
HYMNE — Hymne du printemps	209
POÈMES. — Promesse	208
GAIETÉS — L'Alouette	220
Le Freslon	223
POÉSIES DIVERSES	226
A la rivière du Loir	229
Envoi d'une chanson	230
L'Amour oyseau	Ib.
A Magdeleine	232
Aux mouches à miel	233
Au rossignol	234
Épitaphe de François Rabelais	237

FIN DE LA TABLE.

ŒUVRES CHOISIES

DE

PIERRE DE RONSARD.

AMOURS DE CASSANDRE[1].

·◦ I ◦·

Qui voudra voir comme Amour me surmonte,
Comme il m'assaut, comme il se fait vainqueur,
Comme il renflamme et renglace mon cœur,
Comme il reçoit un honneur de ma honte ;

Qui voudra voir une jeunesse pronte
A suivre en vain l'objet de son malheur,

---

[1] Nous suivrons, dans le choix que nous allons faire, et que M. de Sainte-Beuve avait fait avant nous, la division adoptée et consacrée dans toutes les anciennes éditions de Ronsard. C'est donc par les *Amours* en sonnets que nous commencerons.

Me vienne lire, il voirra [1] ma douleur,
Dont ma Déesse et mon Dieu ne font conte.

Il cognoistra qu'Amour est sans raison,
Un doux abus, une belle prison,
Un vain espoir qui de vent nous vient paistre;

Il cognoistra que l'homme se déçoit,
Quand plein d'erreur un aveugle il reçoit
Pour sa conduite, un enfant pour son maistre.

II

Nature ornant Cassandre, qui devoit
De sa douceur forcer les plus rebelles,
La composa de cent beautez nouvelles,
Que dès mille ans en espargne elle avoit.

De tous les biens qu'au Ciel Amour couvoit
Comme un trésor chèrement sous ses ailles,
Elle enrichit les Grâces immortelles
De son bel œil, qui les Dieux esmouvoit.

Du Ciel à peine elle estoit descenduë
Quand je la vey, quand mon asme esperduë
En devint folle, et d'un si poignant trait

Amour coula ses beautez en mes veines,
Qu'autres plaisirs je ne sens que mes peines,
Ny autre bien qu'adorer son portrait.

[1] Verra.

III

Entre les rais de sa jumelle flame [1]
Je veis Amour qui son arc desbandoit,
Et dans mon cœur le brandon espandoit,
Qui des plus froids les mouëlles enflame :

Puis en deux parts près les yeux de ma Dame,
Couvert de fleurs un ret d'or me tendoit,
Qui tout crespu sur sa face pendoit
A flots ondez, pour enlacer mon âme.

Qu'eussé-je faict? l'Archer estoit si doux,
Si doux son feu, si doux l'or de ses nouds [2],
Qu'en leurs filets encore je m'oublie :

Mais cest oubly ne me travaille point,
Tant doucement le doux Archer me poingt [3],
Le feu me brusle, et l'or crespe [4] me lie.

IV

Bien qu'il te plaise en mon cœur d'allumer
(Cœur ton sujet, lieu de ta seigneurie),
Non d'une amour, ainçois [5] d'une Furie
Le feu cruel, pour mes os consumer ;

---

[1] Les rayons de ses deux yeux. — [2] Pour nœuds. — [3] Pique ; pungere.— [4] Ce sont les cheveux blonds frisés de Cassandre. — [5] Mais.

Le mal qui semble aux autres trop amer,
Me semble doux : aussi je n'ay envie
De me douloir ¹, car je n'aime ma vie,
Sinon d'autant qu'il te plaist de l'aimer.

Mais si le Ciel m'a fait naistre, Madame,
Pour ta victime, en lieu de ma pauvre âme,
Sur ton autel j'offre ma loyauté.

Tu dois plustost en tirer du service,
Que par le feu d'un sanglant sacrifice
L'immoler vive aux pieds de ta beauté.

V ²

Une beauté de quinze ans, enfantine,
Un or frisé de maint crespe anelet ³,
Un front de rose, un teint damoiselet,
Un ris qui l'âme aux astres achemine,

Une vertu de telle beauté digne,
Un col de neige, une gorge de lait,
Un cœur ja meur en un sein verdelet ⁴,
En dame humaine une beauté divine ;

Un œil puissant de faire jours les nuits,
Une main douce à forcer les ennuis,
Qui tient ma vie en ses doigts enfermée ;

---

¹ Plaindre, lamenter; *dolere*. — ² Ce sonnet est imité de Pétrarque. — ³ Boucle de cheveux blonds. — ⁴ Vert, jeune.

Avec un chant découpé doucement,
Or ¹ d'un souris, or d'un gémissement :
De tels sorciers ma raison fut charmée.

○ VI ○

« Avant le temps tes tempes fleuriront ;
« De peu de jours ta fin sera bornée ;
« Avant le soir se clorra ta journée ;
« Trahis d'espoir, tes pensers périront ;

« Sans me fléchir tes escrits flétriront ;
« En ton désastre ira ma destinée ;
« Pour abuser les poëtes ² je suis née ;
« De tes soupirs nos neveux se riront ;

« Tu seras fait du vulgaire la fable ;
« Tu bastiras sur l'incertain du sable,
« Et vainement tu peindras dans les Cieux. »

—Ainsi disoit la Nymphe qui m'affole ³,
Lorsque le Ciel témoin de sa parolle,
D'un dextre éclair ⁴ fut présage à mes yeux.

---

¹ Tantôt. C'est le mot *ores*, avec ellision. — ² Ce mot ne faisait alors que deux syllabes, dans les vers.— ³ Qui me rend fou d'amour. — ⁴ Suivant l'opinion des anciens, les éclairs qu'on voyait à gauche étaient présages de bonheur, ceux qu'on voyait à droite (*à dextre*), de malheur.

VII

Si mille œillets, si mille liz j'embrasse,
Entortillant mes bras tout à l'entour,
Plus fort qu'un cep, qui d'un amoureux tour,
La branche aimée en mille plis enlasse ;

Si le soucy ne jaunit plus ma face,
Si le plaisir fait en moi son séjour,
Si j'aime mieux les ombres que le jour,
Songe divin, ce bien vient de ta grâce.

Suivant ton vol, je volerois aux Cieux :
Mais son portrait qui me trompe les yeux,
Fraude tousjours ma joye entre-rompuë.

Puis tu me fuis au milieu de mon bien,
Comme un éclair qui se finit en rien,
Ou comme au vent s'évanoüit la nuë.

VIII

Ores la crainte et ores l'espérance
De tous costez se campent en mon cœur :
Ny l'un ny l'autre au combat n'est vainqueur,
Pareils en force et en persévérance.

Ores douteux, ores plein d'asseurance,
Entre l'espoir, le soupçon et la peur,
Pour estre en vain de moi-mesme trompeur,
Au cœur captif je promets délivrance.

Verray-je point, avant mourir, le temps,
Que je tondrai la fleur de son printemps,
Sous qui ma vie à l'ombrage demeure ?

Verray-je point qu'en ses bras enlassé,
Tantost dispost, tantost demi-lassé,
D'un beau souspir entre ses bras je meure ?

○ IX ○

Avant qu'Amour, du Chaos ocieux [1],
Ouvrist le sein qui couvoit la lumière,
Avec la terre, avec l'onde première,
Sans art, sans forme, estoient broüillez les Cieux.

Tel mon esprit, à rien industrieux,
Dedans mon corps, lourde et grosse [2] matière,
Erroit sans forme et sans figure entière,
Qnand l'arc d'Amour le perça par tes yeux.

Amour rendit ma nature parfaite,
Pure par luy mon essence s'est faite,
Il m'en donna la vie et le pouvoir ;

Il eschaufa tout mon sang de sa flame,
Et m'emportant de son vol, fit mouvoir
Avecques luy mes pensers et mon âme.

---

[1] Paresseux, oisif; *otiosus*. — [2] Grossière; *grossus*, dans la basse latinité.

-o X[1] o-

Comme un Chevreüil, quand le Printemps détruit
Du froid Hyver la poignante gelée,
Pour mieux brouter la fueille emmiellée,
Hors de son bois avec l'Aube s'enfuit :

Et seul, et seur, loin de chiens et de bruit,
Or' sur un mont, or' dans une valée,
Or' près d'une onde à l'escart recelée,
Libre, s'égaye où son pied le conduit :

De rets ne d'arc sa liberté n'a crainte
Sinon alors que sa vie est atteinte
D'un trait sanglant, qui le tient en langueur,

Ainsi j'allois sans espoir de dommage,
Le jour qu'un œil, sur l'Avril de mon âge [2],
Tira d'un coup mille traits en mon cœur.

-o XI o-

Si je trespasse entre tes bras, Madame,
Je suis content : aussi ne veux-je avoir
Plus grand honneur au monde, que me voir,
En te baisant, dans ton sein rendre l'âme.

Celuy dont Mars la poictrine renflame,
Aille à la guerre : et d'ans et de pouvoir

---

[1] Imité de Bembo. — [2] C'est-à-dire dans mon printemps.

Tout furieux, s'esbate à recevoir
En sa poitrine une Espagnole lame [1] :

Moy plus coüard, je ne requiers, sinon,
Après cent ans, sans gloire et sans renom
Mourir oisif en ton giron, Cassandre :

Car je me trompe, ou c'est plus de bon-heur
D'ainsi mourir, que d'avoir tout l'honneur
D'un grand César, ou d'un foudre Alexandre.

○ XII ○

STANCES.

Quand au temple nous serons
Agenouillés, nous ferons
Les dévots, selon la guise [2]
De ceux qui pour louer Dieu
Humbles se courbent au lieu
Le plus secret de l'église.

Mais quand au lit nous serons
Entrelassés, nous ferons
Les lascifs, selon les guises
Des Amants, qui librement
Pratiquent folastrement
Dans les draps cent mignardises.

[1] La France était alors en guerre avec l'Espagne. — [2] Façon, manière.

Pourquoi doncques quand je veux
Ou mordre tes beaux cheveux,
Ou baiser ta bouche aimée,
Ou toucher à ton beau sein,
Contrefais-tu la Nonnain
Dedans un cloistre enfermée?

Pour qui gardes-tu tes yeux
Et ton sein délicieux,
Ton front, ta lèvre jumelle?
En veux-tu baiser Pluton
Là bas, après que Charon
T'aura mise en sa nacelle?

Après ton dernier trespas,
Gresle, tu n'auras là bas
Qu'une bouchette blesmie :
Et quand mort je te verrois,
Aux ombres je n'avoûrois
Que jadis tu fus m'amie.

Ton test[1] n'aura plus de peau,
Ny ton visage si beau
N'aura veines ny artères :
Tu n'auras plus que des dents
Telles qu'on les voit dedans
Les testes des cimetières.

Doncques, tandis que tu vis,
Change, maistresse, d'advis,

---

[1] Ce mot, qui signifie en prose coquille, est pris ici dans le sens de crâne ; *testa*.

Et ne m'espargne ta bouche.
Incontinent tu mourras,
Lors tu te repentiras
De m'avoir esté farouche.

Ah je meurs! ah! baise-moy!
Ah, maistresse, approche-toy!
Tu fuis comme un fan qui tremble :
Au moins, souffre que ma main
S'esbate un peu dans ton sein,
Ou plus bas, si bon te semble.

XIII [1]

Voicy le bois, que ma saincte Angelette
Sur le Printemps rejoüist de son chant :
Voicy les fleurs, où son pied va marchant,
Quand à soy-mesme elle pense seulette :

Voicy la prée [2] et la rive mollettè,
Qui prend vigueur de sa main la touchant,
Quand pas à pas en son sein va cachant
Le bel émail de l'herbe nouvelette.

Icy chanter, là pleurer je la vy,
Icy sourire, et là je fu ravy
De ses discours, par lesquels je des-vie :

Icy s'asseoir, là je la vy danser :
Sus le mestier d'un si vague penser,
Amour ourdit les trames de ma vie.

[1] Imité de Pétrarque. — [2] Prairie.

XIV

Page, suy-moy par l'herbe plus espesse ;
Fauche l'esmail de la verte saison ;
Puis à plein poing en-jonche la maison,
Des fleurs qu'Avril enfante en sa jeunesse.

Despen du croc ma lyre chanteresse,
Je veux charmer si je puis la poison [1],
Dont un bel œil enchanta ma raison
Par la vertu d'une œillade maistresse.

Donne-moy l'encre et le papier aussi ;
En cent papiers, tesmoins de mon souci,
Je veux tracer la peine que j'endure :

En cent papiers plus durs que Diamant,
Afin qu'un jour nostre race future
Juge du mal que je souffre en aimant.

XV

De ses Maris, l'industrieuse Heleine,
L'aiguille en main, retraçoit les combas
Dessus sa toile : en ce poinct, tu t'esbas
D'ouvrer [2] le mal duquel ma vie est pleine.

Mais tout ainsi, Maistresse, que ta leine
Et ton fil noir desseignent [3] mon trespas,

---

[1] Ce mot était encore des deux genres. — [2] Fabriquer, élaborer. — [3] Dessinent ; *designare*.

Tout au rebours pourquoy ne peins-tu pas
De quelque verd ¹ un espoir à ma peine?

Mon œil ne void sur ta gaze rangé,
Sinon du noir, sinon de l'orangé,
Tristes tesmoins de ma longue souffrance.

O fier Destin! son œil ne me desfait
Tant seulement, mais tout ce qu'elle fait
Ne me promet qu'une désespérance.

○ XVI ○

Quand je te voy discourant à part toy,
Toute amusée avecques ta pensée,
Un peu la teste en contre-bas baissée,
Te retirant du vulgaire et de moy :

Je veux souvent, pour rompre ton esmoy,
Te saluer : mais ma voix, offensée
De trop de peur, se retient amassée
Dedans la bouche et me laisse tout coy,

Mon œil confus ne peut souffrir ta veuë :
De ses rayons mon âme tremble esmeuë :
Langue ne voix ne font leur action.

Seuls mes soupirs, seul mon triste visage
Parlent pour moy, et telle passion
De mon amour donne assez tesmoignage.

¹ La couleur verte était l'emblème de l'espoir.

AMOURS DE MARIE[1].

‑o I o‑

Je veux, me souvenant de ma gentille Amie,
Boire ce soir d'autant, et pour ce, Corydon,
Fay remplir mes flacons, et verse à l'abandon
Du vin pour resjouïr toute la compagnie.

Soit que m'amie ait nom ou Cassandre ou Marie,
Neuf fois je m'en vay boire aux lettres de son nom :
Et toi, si de ta belle et jeune Magdelon,
Belleau, l'amour te poind, je te pri', ne l'oublie.

Apporte ces bouquets que tu m'avois cueillis,
Ces roses, ces œillets, ce jasmin et ces lis :
Attache une couronne à l'entour de ma teste.

[1] C'était, dit-on, une simple fille de Bourgueil, servante dans une hôtellerie de l'endroit.

Gaignons ce jour icy, trompons nostre trespas :
Peut-estre que demain nous ne reboirons pas.
S'attendre au lendemain n'est pas chose trop preste.

-o II o-

Marie, levez-vous, vous estes paresseuse,
Jà la gaye Aloüette au Ciel a fredonné,
Et jà le Rossignol doucement jargonné,
Dessus l'espine assis, sa complainte amoureuse.

Sus debout, allons voir l'herbelette perleuse [1],
Et vostre beau rosier, de boutons couronné,
Et vos œillets mignons, ausquels aviez donné
Hier au soir de l'eau d'une main si soigneuse.

Harsoir [2], en vous couchant vous jurastes vos yeux,
D'estre plustost que moy ce matin esveillée :
Mais le dormir de l'Aube, aux filles gracieux,

Vous tient d'un doux sommeil encor les yeux sillée [3].
Ça, ça, que je les baise, et vostre beau tetin,
Cent fois pour vous apprendre à vous lever matin.

-o III o-

Amour est un charmeur : si je suis une année
Avecques ma Maistresse à babiller toujours,

---

[1] Couverte des perles de la rosée. — [2] Hier au soir. — [3] Fermée. On dit encore *dessiller*. Dans ce vers, *sillée les yeux* est un latinisme.

Et à luy raconter quelles sont mes amours,
L'an me semble plus court qu'une courte journée.

Si quelque tiers survient, j'en ay l'ame gennée,
Ou je deviens muet, ou mes propos sont lours :
Au milieu du devis s'esgarent mes discours,
Et tout ainsi que moi ma langue est estonnée.

Mais quand je suis tout seul auprès de mon plaisir,
Ma langue interprétant le plus de mon désir,
Alors de caqueter mon ardeur ne fait cesse :

Je ne fais qu'inventer, que conter, que parler ;
Car pour estre cent ans auprès de ma Maistresse,
Cent ans me sont trop courts, et ne m'en puis aller.

⚬ IV ⚬

Cache pour ceste nuict ta corne [1], bonne Lune :
Ainsi Endymion soit tousjours ton amy,
Ainsi soit-il tousjours en ton sein endormy,
Ainsi nul enchanteur jamais ne t'importune !

Le jour m'est odieux, la nuict m'est opportune,
Je crains de jour l'aguet [2] d'un voisin ennemy :
De nuict plus courageux, je traverse parmy
Les espions, couvert de la courtine [3] brune.

Tu sçais Lune, que peut l'amoureuse poison ?

---

[1] Croissant; *cornu*. — [2] L'espionnage. — [3] Rideau; au fig. l'ombre; *cortina*.

Le Dieu Pan pour le prix d'une blanche toison
Peut bien fléchir ton cœur ¹. Et vous, Astres insignes,

Favorisez au feu qui me tient allumé,
Car, s'il vous en souvient, la plus part de vous, Signes,
N'a place dans le ciel que pour avoir aimé.

-o V o-

CHANSON.

Fleur Angevine de quinze ans,
Ton front monstre assez de simplesse :
Mais ton cœur ne cache au dedans,
Sinon que malice et finesse,
Celant sous ombre d'amitié
Une jeunette mauvaistié ².

Rends-moy (si tu as quelque honte)
Mon cœur que je t'avois donné,
Dont tu ne fais non plus de conte
Que d'un esclave emprisonné,
T'esjoüissant de sa misère,
Et te plaisant de lui desplaire.

Une autre moins belle que toy,
Mais bien de meilleure nature,
Le voudroit bien avoir de moy,
Elle l'aura, je te le jure :

---

¹ Pan, amoureux de la Lune, obtint ses faveurs moyennant la toison d'une brebis blanche. — ² Méchanceté, malice.

Elle l'aura, puis qu'autrement
Il n'a de toy bon traitement.

Mais non, j'aime trop mieux qu'il meure
Sans espérance en ta prison :
J'aime trop mieux qu'il y demeure,
Mort de douleur contre raison [1],
Qu'en te changeant joüir de celle
Qui m'est plus douce et non si belle.

VI

Vous mesprisez nature · estes-vous si cruelle
De ne vouloir aimer ? Voyez les Passereaux,
Qui démènent [2] l'Amour, voyez les Colombeaux,
Regardez le Ramier, voyez la Tourterelle :

Voyez, deçà, delà, d'une fretillante aile
Voleter par les bois les amoureux oiseaux,
Voyez la jeune vigne embrasser les ormeaux,
Et toute chose rire en la saison nouvelle.

Icy la bergerette, en tournant son fuseau,
Desgoise [3] ses amours, et là le pastoureau
Respond à sa chanson : icy toute chose aime,

Tout parle de l'amour, tout s'en veut enflammer :
Seulement votre cœur, froid d'une glace extrême,
Demeure opiniastre et ne veut point aimer.

[1] Justice. — [2] Font. — [3] Chante, raconte.

VII

CHANSON [1].

« Amour, dy, je te prie (ainsi, de tous humains
Et des Dieux soit tousjours l'Empire entre tes mains),
    Qui te foùrnist de flèches?
Veu que, tousjours colère en mille et mille lieux,
Tu perds tes traits ès cœurs des hommes et des Dieux,
    Empennez de flammèches [2]?

Mais je te pri', dis-moy! est-ce point le Dieu Mars?
Quand il revient chargé du butin des soldars
    Tuez à la bataille?
Ou bien si c'est Vulcan qui dedans ses fourneaux
(Après les tiens perdus) t'en refait de nouveaux,
    Et tousjours t'en rebaille? »

« — Pauvret (respond Amour), et quoy? ignores-tu
La rigueur, la douceur, la force, la vertu
    Des beaux yeux de t'amie?
Plus je respan de traits sus hommes et sus Dieux,
Et plus d'un seul regard m'en fournissent les yeux
    De ta belle Marie. »

[1] Imité du latin de Marulle. — [2] Garni de flammes en guise de plumes; *pennatus*.

VIII

LE VOYAGE DE TOURS,

OU LES AMOUREUX [1].

THOINET ET PERROT.

C'estoit en la saison que l'amoureuse Flore
Faisoit pour son amy les fleurettes esclore
Par les prez bigarrez d'autant d'esmail de fleurs,
Que le grand Arc du Ciel s'esmaille de couleurs ;
Lorsque les papillons et les blondes avettes [2],
Les uns chargez au bec, les autres aux cuissettes,
Errent par les jardins, et les petits oiseaux,
Voletans par les bois de rameaux en rameaux,
Amassent la bechée, et parmy la verdure
Ont souci comme nous de leur race future.

Thoinet, au mois d'Avril, passant par Vendomois,
Me mena voir à Tours Marion que j'aimois,
Qui aux nopces étoit d'une sienne cousine,
Et ce Thoinet aussi alloit voir sa Francine,
Qu'Amour, en se joüant d'un trait plein de rigueur,
Lui avoit près le Clain [3] escrite dans le cœur.

---

[1] Cette idylle fut composée à l'occasion d'un voyage que Antoine de Baïf et Ronsard firent à Tours pour voir leurs maîtresses. La maîtresse de Baïf s'appelait *Francine*. La *Marie* de Ronsard prend ici le nom rustique de *Marion*. *Thoinet*, c'est Antoine, et *Perrot, Pierre*.—[2] Abeilles ; *apes*.—[3] Rivière qui traverse Poitiers.

Nous partismes tous deux du hameau de Coustures [1],
Nous passasmes Gastine [2] et ses hautes verdures,
Nous passasmes Marré, et vismes à mi-jour
Du pasteur Phelippot s'eslever la grand'tour,
Qui de Beaumont-la-Ronce honore le village,
Comme un pin fait honneur aux arbres d'un bocage.

Ce pasteur qu'on nommoit Phelippot, tout gaillard
Chez luy nous festoya jusques au soir bien tard.
De là vinsmes coucher au gué de Lengenrie,
Sous des saules plantez le long d'une prairie :
Puis dès le poinct du jour redoublant le marcher,
Nous vismes en un bois s'eslever le clocher
De Sainct-Cosme près Tours, où la nopce gentille
Dans un pré se faisoit au beau milieu de l'Isle.

Là Francine dançoit, de Thoinet le souci,
Là Marion balloit [3], qui fut le mien aussi :
Puis nous mettans tous deux en l'ordre de la dance,
Thoinet tout le premier ceste plainte commence :

« Ma Francine, mon cœur, qu'oublier je ne puis,
Bien que pour ton amour oublié je me suis ;
Quand dure en cruauté tu passerois les ourses,
Et les torrens d'hyver desbordez de leurs courses,
Et quand tu porterois, en lieu d'humaine chair,
Au fond de l'estomach, pour un cœur un rocher ;
Quand tu aurois succé le laict d'une Lyonne,
Quand tu serois, cruelle, une beste felonne,

---

[1] Hameau voisin de Vendôme, et patrie de Ronsard. —
[2] *Gastine* est une forêt. *Marré, Beaumont-la-Ronce, Lengenrie,* sont des villages. — [3] Dansait, sautait.

Ton cœur seroit pourtant de mes pleurs adouci,
Et ce pauvre Thoinet tu prendrois à mercy [1].

« Je suis, s'il t'en souvient, Thoinet qui dès jeunesse
Te voyant sur le Clain t'appela sa maîtresse,
Qui musette et flageol à ses lèvres usa
Pour te donner plaisir, mais cela m'abusa :
Car te pensant fléchir comme une femme humaine,
Je trouvay ta poitrine et ton oreille pleine,
Hélas! qui l'eust pensé! de cent mille glaçons,
Lesquels ne t'ont permis d'escouter mes chansons :
Et toutefois le temps, qui les prez de leurs herbes
Despoüille d'an en an, et les champs, de leurs gerbes,
Ne m'a point despoüillé le souvenir du jour,
Ny du mois, où je mis en tes yeux mon amour;
Ny ne fera jamais, voire eussé-je avallée
L'onde qui court là bas sous l'obscure vallée.

« C'estoit au mois d'Avril, Francine, il m'en souvient.
Quand tout arbre florit, quand la terre devient
De vieillesse en jouvence, et l'estrange [2] Arondelle [3]
Fait contre un soliveau sa maison naturelle ;
Quand la limace, au dos qui porte sa maison,
Laisse un trac [4] sur les fleurs ; quand la blonde toison
Va couvrant la chenille, et quand parmy les prées
Volent les papillons aux ailes diaprées,
Lors que fol je te vy, et depuis je n'ay peu
Rien voir, après tes yeux, que tout ne m'ait despleu.
Six ans sont jà passez, toutefois dans l'oreille
J'entens encor le son de ta voix nompareille,

---

[1] Grâce, miséricorde ; *merces*. — [2] Etrangère, passagère.
— [3] Hirondelle ; *arundo*. — [4] Traînée de bave ; *tractus*.

Qui me gaigna le cœur, et me souvient encor
De ta vermeille bouche et de tes cheveux d'or,
De ta main, de tes yeux, et si le temps qui passe
A depuis desrobé quelque peu de leur grâce,
Hélas! je ne suis moins de leurs grâces ravy,
Que je fus sur le Clain, le jour que je te vy
Surpasser en beauté toutes les pastourelles
Que les jeunes pasteurs estimoient les plus belles :
Car je n'ay pas esgard à cela que tu es,
Mais à ce que tu fus, tant les amoureux traits
Te gravèrent en moy, voire de telle sorte
Que telle que tu fus, telle au sang je te porte.

« Dès l'heure que le cœur, de l'œil, tu me perças,
Pour en sçavoir la fin je fis tourner le Sas [1]
Par une Janeton, qui, au bourg de Crotelles,
Soit du bien, soit du mal, disoit toutes nouvelles.

« Après qu'elle eut trois fois craché dedans son sein,
Trois fois esternué, elle prist du levain,
Le retaste en ses doigts, et en fit une image,
Qui te sembloit de port, de taille et de visage :
Puis tournoyant trois fois, et trois fois marmonnant [2],
De la jartière alla tout mon col entournant,
Et me dit : « Je ne tiens si fort de ma jartière
Ton col, que ta vie est de malheur héritière,
Captive de Francine, et seulement la mort
Desnoüra le lien qui te serre si fort :
Et n'espère jamais de vouloir entreprendre
D'eschauffer un glaçon qui te doit mettre en cendre. »

[1] Tamis qu'on employait dans la divination. — [2] Marmottant.

Las! je ne la creu pas, et pour vouloir adonc
En estre plus certain, je fis coupper le jonc,
La veille de sainct Jean : mais je vy sur la place
Le mien, signe d'amour, croistre plus d'une brasse,
Le tien demeurer court, signe que tu n'avois
Soucy de ma langueur, et que tu ne m'aimois,
Et que ton amitié, qui n'est point asseurée,
Ainsi que le jonc court, est courte demeurée.
Je mis, pour t'essayer encores devant-hier,
Dans le creux de ma main des fueilles de coudrier :
Mais en tappant dessus, nul son ne me rendirent,
Et flaques, sans sonner, sur la main me fanirent ;
Vray signe que je suis en ton amour moqué,
Puis qu'en frapant dessus elles n'ont point craqué,
Pour monstrer par effet que ton cœur ne craquette,
Ainsi que fait le mien, d'une flamme secrette.

« O ma belle Francine ! ô ma fière, et pourquoy,
En dansant, de tes mains, ne me prends-tu le doy?
Pourquoy, lasse du bal, entre ces fleurs couchée,
N'ay-je sur ton giron ou la teste panchée,
Ou mes yeux sur les tiens, ou ma bouche dessus
Tes deux tetins, de neige et d'yvoire conceus?
Te semblé-je trop vieil? encor la barbe tendre
Ne fait que commencer sur ma joué à s'estendre,
Et ta bouche qui passe en beauté le coral,
S'elle veut me baiser, ne se fera point mal :
Mais ainsi qu'un lézard se cache sous l'herbette,
Sous ma blonde toison cacheras ta languette :
Puis en la retirant, tu tireras à toy
Mon cœur, pour te baiser, qui sortira de moy.

« Hélas! pren donc mon cœur avecque ceste paire
De Ramiers que je t'offre ; ils sont venus de l'aire

De ce gentil Ramier dont je t'avois parlé :
Margot m'en a tenu plus d'une heure accollé,
Les pensant emporter pour les mettre en sa cage :
Mais ce n'est pas pour elle, et demain davantage
Je t'en rapporteray, avecques un Pinson
Qui desjà sçait par cœur une belle chanson,
Que je fis l'autre jour dessous une aubespine,
Dont le commencement est *Thoinet* et *Francine*.
Hà ! cruelle, demeure ; et tes yeux amoureux
Ne destourne de moy : hà je suis malheureux !
Car je cognois mon mal, et si cognois encore
La puissance d'amour, qui le sang me dévore :
Sa puissance est cruelle, et n'a point d'autre jeu,
Sinon de rebrusler nos cœurs à petit feu,
Ou de les englacer, comme ayant pris son estre
D'une glace ou d'un feu ou d'un rocher champestre.
Hà ! que ne suis-je abeille, ou papillon, j'irois
Maugré toy te baiser, et puis je m'assirois
Sur tes tetins, afin de succer de ma bouche
Ceste humeur qui te fait contre moy si farouche.

« O belle au doux regard, Francine au beau sourcy,
Baise-moi, je te prie, et m'embrasses ainsi
Qu'un arbre est embrassé d'une vigne bien forte :
Souvent un vain baiser quelque plaisir apporte.
Je meurs ! tu me feras despecer ce bouquet
Que j'ai cueilly pour toy, de thym et de muguet,
Et de la rouge fleur qu'on nomme Cassandrette [1]

[1] Ronsard appela du nom de sa première maîtresse, Cassandre, une belle fleur rouge, vulgairement nommée *gantelée*. Dubellay avait fait de même en appelant *Olivette*, du nom de sa maîtresse *Olive*, une belle fleur blanche, *la fleur de Notre-Dame*, qui vient en février ; et Baïf, à leur exemple, nomma *Francinette* une fleur qui paraît être l'anémone.

Et de la blanche fleur qu'on appelle Olivette,
A qui Bellot donna et la vie et le nom,
Et de celle qui prend de ton nom son surnom.

« Las! où fuis-tu de moy? ho! ma fière ennemie,
Je m'en vais despoüiller jaquette et souquenie [1],
Et m'en courray tout nud au haut de ce rocher,
Où tu vois ce garçon à la ligne pescher,
Afin de me lancer, à corps perdu, dans Loire,
Pour laver mon soucy, ou afin de tant boire
D'escumes et de flots, que la flamme d'aimer,
Par l'eau contraire au feu, se puisse consumer. »

Ainsi disoit Thoinet, qui se pasme sur l'herbe,
Presque transi de voir sa dame si superbe,
Qui rioit de son mal, sans daigner seulement
D'un seul petit clin d'œil appaiser son tourment.

J'ouvroy desjà la lèvre après Thoinet, pour dire
De combien Marion estoit encore pire,
Quand j'avise sa mère en haste gagner l'eau,
Et sa fille emmener avec elle au bateau,
Qui se joüant sur l'onde attendoit ceste charge,
Lié contre le tronc d'un saule au faiste large.
Jà les rames tiroient le bateau bien pansu [2],
Et la voile, en enflant son grand reply bossu,
Emportoit le plaisir qui mon cœur tient en peine,
Quand je m'assis au bord de la première arène ;
Et voyant le bateau qui s'enfuyoit de moy,
Parlant à Marion, je chantay ce convoy [3] :

---

[1] Espèce de surtout de toile. On dit aujourd'hui *souquenille*.
— [2] A larges flancs. — [3] Transport, voyage.

« Bateau, qui par les flots ma chère vie emportes,
Des vents en ta faveur les haleines soient mortes :
Et le banc périlleux, qui se trouve parmy
Les eaux, ne t'enveloppe en son sable endormy :
Que l'air, le vent, et l'eau favorisent ma Dame,
Et que nul flot bossu ne destourbe [1] sa rame :
En guise d'un estang, sans vagues, paresseux
Aille le cours de Loire, et son limon crasseux
Pour ce jourd'huy se change en gravelle menuë,
Pleine de maint ruby et mainte perle esleuë.

« Que les bords soient semez de mille belles fleurs
Représentant sur l'eau mille belles couleurs,
Et le troupeau Nymphal des gentilles Naïades
A l'entour du vaisseau face mille gambades :
Les unes balloyant [2], des paumes de leurs mains,
Les flots devant la barque, et les autres, leurs seins
Descouvrent à fleur d'eau, et d'une main ouvrière
Conduisent le bateau, du long de la rivière :
L'azuré Martinet puisse voler devant
Avecques la Moüette ; et le Plongeon, suivant
Son malheureux destin, pour le jourd'huy ne songe
En sa belle Hesperie [3], et dans l'eau ne se plonge :
Et le Héron criard, qui la tempeste fuit,
Haut pendu dedans l'air ne fasse point de bruit :
Ains [4], tout gentil oiseau, qui va cherchant sa proye
Par les flots poissonneux, bienheureux te convoye [5],
Pour seurement venir avec ta charge au port,
Où Marion verra, peut-estre, sur le bord,
Une orme, des longs bras d'une vigne, enlassée,

---

[1] Trouble, repousse ; *deturbare*. — [2] Faisant danser, renvoyant, agitant. — [3] OEsacus, fils de Priam, fut chángé en plongeon pour l'amour de sa maîtresse Hespérie. — [4] Mais. — [5] T'accompagne.

Et la voyant ainsi doucement embrassée,
De son pauvre Perrot se pourra souvenir,
Et voudra sur le bord embrassé le tenir.

« On dit, au temps passé, que quelques-uns changèrent
En rivière leur forme, et eux-mesmes nagèrent
Au flot qui de leur sang goutte à goutte sailloit [1],
Quand leur corps transformé en eau se distilloit.
Que ne puis-je muer [2] ma ressemblance humaine,
En la forme de l'eau qui ceste barque emmeine?
J'irois en murmurant sous le fond du vaisseau,
J'irois tout alentour, et mon amoureuse eau
Baiseroit or' sa main, ore sa bouche franche,
La suyvant jusqu'au port de la Chapelle-Blanche [3] :
Puis laissant mon canal pour jouïr de mon veuil,
Par le trac [4] de ses pas, j'irois jusqu'à Bourgueil,
Et là, dessous un pin, couché sur la verdure,
Je voudrois revestir ma première figure.

« Se trouve point quelque herbe en ce rivage icy,
Qui ayt le goust si fort, qu'elle me puisse ainsi
Muer, comme fut Glauque, en aquatique Monstre,
Qui, homme ne poisson, homme et poisson se montre?
Je voudrois estre Glauque, et avoir dans mon sein
Les pommes qu'Hippomène eslançoit de sa main
Pour gagner Atalante : à fin de te surprendre,
Je les rûrois [5] sur l'eau, et te ferois apprendre
Que l'or n'a seulement sur la terre pouvoir,
Mais qu'il peut dessur l'eau les femmes decevoir.
Or cela ne peut estre, et ce qui se peut faire,
Je le veux achever afin de te complaire.

[1] Jaillissait; *salire*. — [2] Changer; *mutare*. — [3] C'est un port où abordent les bateaux de la Loire, près de Bourgueil, où Marie était née et demeurait. — [4] La trace. — [5] Jetterais; *ruere*.

« Je veux soigneusement ce Coudrier arroser,
Et des chapeaux de fleurs sur ses feuilles poser :
Et avecq' un poinçon je veux dessus l'escorce
Engraver de ton nom les six lettres à force,
Afin que les passans en lisant MARION,
Facent honneur à l'arbre entaillé de ton nom.
Je veux faire un beau lict d'une verte jonchée
De parvanche feuillüe en contre-bas couchée.
De thym qui fleure bon, et d'Aspic porte-épy,
D'odorant poliot contre terre tapy,
De neufard [1] tousjours verd, que la froideur incite,
Et de Jonc, qui les bords des rivières habite.

« Je veux jusques au coude avoir l'herbe, et je veux
De roses et de lys couronner mes cheveux.
Je veux qu'on me défonce une pippe Angevine,
Et en me souvenant de ma toute divine,
De toy, mon doux soucy, espuiser jusqu'au fond
Mille fois ce jourd'huy mon gobelet profond,
Et ne partir d'ici jusqu'à tant qu'à la lie
De ce bon vin d'Anjou la liqueur soit faillie [2].

« Melchior Champenois, et Guillaume Manceau,
L'un d'un petit rebec [3], l'autre d'un chalumeau,
Me chanteront comment j'eu l'ame despourveüe
De sens et de raison si tost que je t'eu veüe :
Puis chanteront comment pour fléchir ta rigueur
Je t'appelay ma vie, et te nommay mon cœur,
Mon œil, mon sang, mon tout : mais ta haute pensée
N'a voulu regarder chose tant abaissée :
Ains, en me dédaignant, tu aimas autre part

---

[1] Nénufar. — [2] Épuisée. — [3] Ancien violon à trois cordes.

Un qui son amitié chichement te départ.
Voilà comme il te prend pour mespriser ma peine,
Et le rustique son de mon tuyau d'aveine ¹.

« Ils diront que mon teint, vermeil auparavant,
Se perd comme une fleur qui se fanit au vent :
Que mon poil devient blanc, et que la jeune grâce
De mon nouveau printemps de jour en jour s'efface :
Et que depuis le mois que l'Amour me fit tien,
De jour en jour, plus triste et plus vieil je devien.

« Puis ils diront comment les garçons du village
Disent que ta beauté tire desjà sur l'âge,
Et qu'au matin le coq dès la pointe du jour
N'orra ² plus à ton huys ³ ceux qui te font l'amour :
Bien fol est qui se fie en sa belle jeunesse,
Qui si tost se desrobe, et si tost nous délaisse.
La rose, à la parfin, devient un gratecu,
Et tout avecq' le temps par le temps est vaincu.

« Quel passe-temps prens-tu d'habiter la vallée
De Bourgueil où jamais la Muse n'est allée ?
Quitte-moy ton Anjou, et vien en Vendomois :
Là s'eslevent au Ciel les sommets de nos bois,
Là sont mille taillis et mille belles plaines,
Là gargoüillent les eaux de cent mille fontaines,
Là sont mille rochers, où Echon ⁴ à l'entour
En résonnant mes vers ne parle que d'amour.

« Ou bien, si tu ne veux, il me plaist de me rendre
Angevin, pour te voir et ton langage apprendre :
Et pour mieux te fléchir, les hauts vers que j'avois

---

¹ De paille ; *avena*. — ² N'entendra, du verbe *ouïr*. —³ Porte.
— ⁴ Écho.

En ma langue traduit du Pindare Grégeois [1],
Humble, je veux redire en un chant plus facile
Sur le doux chalumeau du pasteur de Sicile [2].

« Là parmy tes sablons Angevin devenu,
Je veux vivre sans nom comme un pauvre incognu,
Et dès l'aube du jour, avec toy mener paistre
Auprès du port Guyet nostre troupeau champestre :
Puis sur le chaud du jour je veux en ton giron
Me coucher sous un chesne, où l'herbe à l'environ
Un beau lict nous fera de mainte fleur diverse
Pour nous coucher tous deux sous l'ombre, à la renverse ;
Puis, au Soleil penchant, nous conduirons nos bœufs
Boire le haut sommet des ruisselets herbeux,
Et les reconduirons au son de la musette ;
Puis nous endormirons dessus l'herbe mollette.

« Là sans ambition de plus grands biens avoir,
Contenté seulement de t'aimer et te voir,
Je passeroy mon âge, et sur ma sépulture
Les Angevins mettroient ceste brève escriture :

« Celuy qui gist icy, touché de l'aiguillon
« Qu'Amour nous laisse au cœur, garda comme Apollon
« Les troupeaux de sa Dame, et en ceste prairie
« Mourut en bien aimant une aimable Marie :
« Et elle, après sa mort, mourut ainsi d'ennuy,
« Et sous ce verd tombeau repose avecques luy. »

A peine avois-je dit, quand Thoinet se depâme,
Et à soy revenu, alloit après sa Dame :
Mais je le retiray, le menant d'autre part

---

[1] Grec. — [2] Théocrite.

Pour chercher à loger, car il estoit bien tard.
Nous avions jà passé la sablonneuse rive,
Et le flot qui bruyant contre le pont arrive,
Et jà dessus le pont nous étions parvenus,
Et nous apparoissoit le Tombeau de Turnus [1],
Quand le pasteur Janot tout gaillard nous emmeine
Dedans son toict couvert de javelles d'aveine.

IX [2]

Ah ! que je porte et de haine et d'envie
Au médecin, qui vient, soir et matin,
Sans nul propos tastonner le tetin,
Le sein, le ventre et les flancs de m'amie.

Las ! il n'est pas si soigneux de sa vie
Comme elle pense, il est meschant et fin :
Cent fois le jour, il la visite, afin
De voir son sein qui d'aimer le convie.

Vous qui avez de sa fièvre le soin,
Parens, chassez ce médecin bien loin,
Ce médecin amoureux de Marie,

Qui fait semblant de la venir panser :
Que pleust à Dieu pour le récompenser,
Qu'il eust mon mal, et qu'elle fust guarie !

---

[1] On dit que Turnus, qui fonda Tours, est enterré sous le château de la ville. — [2] Imité des Héroïdes d'Ovide.

X[1]

CHANSON.

Voulant, ô ma douce moitié,
T'asseurer que mon amitié
Ne se verra jamais finie,
Je fis, pour t'en asseurer mieux
Un serment juré par mes yeux
Et par mon cœur et par ma vie.

Tu jures ce qui n'est à toy ;
Ton cœur et tes yeux sont à moy
D'une promesse irrévocable,
Ce me dis-tu. Hélas! au moins
Reçoy mes larmes pour tesmoins
Que ma parole est véritable!

Alors, Belle, tu me baisas,
Et doucement dés-attisas
Mon feu, d'un gracieux visage :
Puis tu fis signe de ton œil,
Que tu recevois bien mon dueil
Et mes larmes pour tesmoignage.

XI

J'ay l'ame, pour un lict, de regrets si touchée,
Que nul homme jamais ne fera que j'approuche

[1] Imité de Marulle.

De la chambre amoureuse, encor moins de la couche
Où je vy ma maistresse, au mois de May couchée.

Un somme languissant la tenoit mi-panchée
Dessus le coude droit, fermant sa belle bouche
Et ses yeux, dans lesquels l'archer Amour se couche,
Ayant tousjours la flèche à la corde encochée :

Sa teste, en ce beau mois, sans plus, estoit couverte
D'un riche escofion [1] ouvré de soye verte,
Où les Grâces venoyent à l'envy se nicher;

Puis, en ses beaux chevueux, choisissoient leur demeure.
J'en ay tel souvenir que je voudrois qu'à l'heure
Mon cœur pour n'y penser fust devenu rocher.

XII [2]

Quand j'estois libre, ains qu'une amour nouvelle
Ne se fust prise en ma tendre moüelle,
 Je vivois bien-heureux :
Comme à l'envy les plus accortes filles
Se travailloient par leurs flames gentilles
 De me rendre amoureux.

Mais tout ainsi qu'un beau Poulain farouche,
Qui n'a masché le frein dedans la bouche,
 Va seulet écarté,
N'ayant soucy, sinon, d'un pied superbe,
A mille bonds fouler les fleurs et l'herbe,
 Vivant en liberté.

[1] Scoffion, coiffe de femme. — [2] Imité de Marulle, liv. II, épig. 12.

Ores il court le long d'un beau rivage,
Ores il erre en quelque bois sauvage,
    Fuyant de sault en sault [1] :
De toutes parts, les Poutres [2] hennissantes
Luy font l'amour, pour néant blandissantes [3]
    A luy qui ne s'en chaut [4].

Ainsi j'allois desdaignant les pucelles,
Qu'on estimoit en beauté les plus belles,
    Sans respondre à leur vueil [5] :
Lors je vivois amoureux de moy-mesme,
Contant et gay, sans porter couleur blesme
    Ny les larmes à l'œil.

J'avois escrite au plus haut de la face,
Avec l'honneur, une agréable audace
    Pleine d'un franc désir :
Avec le pied marchoit ma fantaisie
Où je voulois, sans peur ne jalousie,
    Seigneur de mon plaisir :

Mais aussi tost que, par mauvais désastre,
Je vey ton sein blanchissant comme albastre
    Et tes yeux, deux Soleils,
Tes beaux cheveux espanchez par ondées,
Et les beaux lys de tes lèvres bordées
    De cent œillets vermeils,

Incontinent, j'appris que c'est service :
La liberté de mon âme nourrice,
    S'eschappa loin de moy :

---

[1] Bois; *saltus*. — [2] Juments; *pullitra*, en bas latin. — [3] Caressantes; *blandus*. — [4] Qui ne s'en soucie; du verbe *challoir*. — [5] Volonté.

Dedans tes rets, ma première franchise,
Pour obéir à ton bel œil, fut prise
    Esclave sous ta loy.

Tu mis, cruelle, en signe de conqueste
Comme vainqueur tes deux pieds sur ma teste,
    Et du front m'as osté
L'honneur, la honte et l'audace première,
Accoüardant[1] mon âme prisonnière,
    Serve[2] à ta volonté ;

Vengeant d'un coup mille fautes commises,
Et les beautez qu'à grand tort t'avois mises
    Par-avant à mespris,
Qui me prioyent, en lieu que je te prie :
Mais d'autant plus que merci je te crie,
    Tu es sourde à mes cris ;

Et ne respons, non plus que la fontaine
Qui de Narcis mira la forme vaine,
    En vengeant à son bord
Mille beautez des Nymphes amoureuses,
Que cet enfant par mines desdaigneuses
    Avoit mises à mort.

XIII

AMOURETTE.

Or' que l'Hyver roidit la glace épesse,
Réchaufons-nous, ma gentille Maistresse,

---

[1] Rendant lâche, couarde. — [2] Esclave ; *servus*.

Non accroupis près le fouyer cendreux,
Mais aux plaisirs des combats amoureux.

Assisons-nous sur ceste molle couche :
Sus baisez-moy, tendez-moi vostre bouche,
Pressez mon col de vos bras despliez,
Et maintenant votre mère oubliez.

Que de la dent vostre tetin je morde,
Que vos cheveux fil à fil je destorde :
Il ne faut point en si folastres jeux,
Comme au dimanche arranger ses cheveux.

Approchez donc, tournez-moy vostre joue :
Vous rougissez? il faut que je me jouë :
Vous sou-riez? avez-vous point oüy
Quelque doux mot qui vous ait resjoüy?

Je vous disois que la main j'allois mettre
Sur votre sein : le voulez-vous permettre?
Ne fuyez pas sans parler : je voy bien
A voz regards que vous le voulez bien,

Je vous cognois en voyant vostre mine.
Je jure Amour que vous estes si fine,
Que pour mourir de bouche ne diriez
Qu'on vous baisast, bien que le désiriez :
Car toute fille encor' qu'elle ait envie
Du jeu d'aimer, désire estre ravie :
Tesmoin en est Hélène, qui suivit
D'un franc vouloir Pâris qui la ravit.

Je veux user d'une douce main-forte.
Hà vous tombez, vous faites jà la morte !

4

Hà quel plaisir dans le cœur je reçoy !
Sans vous baiser vous mocqueriez de moy
En vostre lict quand vous seriez seulette.
Or sus c'est fait, ma gentille brunette :
Recommençons, à fin que nos beaux ans
Soyent réchauffez en combats si plaisans.

XIV [1]

LA QUENOUILLE.

Quenoüille, de Pallas la compagne et l'amie,
Cher présent que je porte à ma chère Marie,
Afin de soulager l'ennuy qu'ell' a de moy,
Disant quelque chanson en filant dessur toy,
Faisant piroüetter, à son huys amusée,
Tout le jour son rouet et sa grosse fusée.

Quenoüille, je te meine où je suis arresté,
Je voudrois racheter par toy ma liberté.
Tu ne viendras és mains d'une mignonne oisive,
Qui ne fait qu'attifer sa perruque lascive,
Et qui perd tout son temps à mirer et farder
Sa face, à celle fin qu'on l'aille regarder ;
Mais bien entre les mains d'une dispote [2] fille,
Qui devide, qui coust, qui mesnage et qui file
Avecque ses deux sœurs pour tromper ses ennuis,
L'hyver devant le feu, l'été devant son huis.

Aussi je ne voudrois que toy, Quenoüille, faite

---

[1] Imité de Théocrite, idyl. 34. — [2] On ne se sert plus que du masculin *dispos*.

En nostre Vendomois (où le peuple regrette
Le jour qui passe en vain) allasses en Anjou
Pour demeurer oisive et te rouiller au clou.
Je te puis asseurer que sa main délicate
Filera dougément[1] quelque drap d'escarlate,
Qui si fin et si soüef[2] en sa laine sera,
Que pour un jour de feste un roy le vestira.

Suy-moy donc, tu seras la plus que bien-venue,
Quenoüille, des deux bouts et greslette et menuë
Un peu grosse au milieu où la filace tient,
Estreinte d'un riban[3] qui de Montoire[4] vient,
Aime-laine, aime-fil, aime-estaim[5] maisonnière,
Longue, palladienne, enflée, chansonnière;
Suy-moi, laisse Cousture, et allons à Bourgueil,
Où, Quenoüille, on te doit recevoir d'un bon œil :
Car le petit présent qu'un loyal amy donne,
Passe des puissants roys le sceptre et la couronne.

XV

CHANSON.

Quand ce beau printemps je voy,
    J'appercoy
Rajeunir la terre et l'onde,
Et me semble que le jour
    Et l'amour,
Comme enfants, naissent au monde.

---

[1] Délicatement. — [2] Doux, souple; *suavis*. — [3] Pour *ruban*. — [4] Bourg situé à trois lieues de Cousture, patrie de Ronsard. — [5] Espèce de laine cardée, prête à filer.

Le jour, qui plus beau se fait,
    Nous refait
Plus belle et verde [1] la terre :
Et Amour, armé de traits
    Et d'attraits,
En nos cœurs nous fait la guerre,

Il respand de toutes parts
    Feu et dards,
Et domte sous sa puissance
Hommes, bestes et oyseaux,
    Et les eaux
Luy rendent obeïssance.

Vénus, avec son enfant
    Triomphant
Au haut de son Coche assise,
Laisse ses cygnes voler
    Parmy l'air
Pour aller voir son Anchise.

Quelque part que ses beaux yeux
    Par les Cieux
Tournent leurs lumières belles,
L'air qui se montre serein
    Est tout plein
D'amoureuses estincelles.

Puis en descendant à bas,
    Sous ses pas
Naissent mille fleurs écloses ;

---

[1] **Verte**; *viridis*.

AMOURS DE MARIE.

Les beaux lyz et les œillets
    Vermeillets
Rougissent entre les roses.

Je sens en ce mois si beau
    Le flambeau
D'Amour qui m'eschaufe l'âme,
Y voyant de tous costez
    Les beautez
Qu'il emprunte de ma Dame.

Quand je voy tant de couleurs
    Et de fleurs
Qui esmaillent un rivage,
Je pense voir le beau teint
    Qui est peint
Si vermeil en son visage.

Quand je voy les grands rameaux
    Des ormeaux
Qui sont lacez de lierre,
Je pense estre pris és laz
    De ses bras,
Et que mon col elle serre

Quand j'enten la douce vois
    Par les bois
Du gay Rossignol qui chante,
D'elle je pense joüyr
    Et oüyr
Sa douce voix qui m'enchante.

Quand je voy en quelque endroit
    Un pin droit,

Ou quelque arbre qui s'eslève,
Je me laisse decevoir,
  Pensant voir
Sa belle taille et sa grève [1].

Quand je voy dans un jardin
  Au matin
S'esclorre une fleur nouvelle,
J'accompare [2] le bouton
  Au teton
De son beau sein qui pommelle [3].

Quand le soleil tout riant
  D'Orient
Nous monstre sa blonde tresse,
Il me semble que je voy
  Devant moy
Lever ma belle Maistresse.

Quand je sens parmy les prez
  Diaprez
Les fleurs dont la terre est pleine,
Lors je fais croire à mes sens
  Que je sens
La douceur de son haleine.

Bref, je fais comparaison
  Par raison
Du Printemps et de m'amie :
Il donne aux fleurs la vigueur,

---

[1] Jambe. — [2] Je compare. — [3] Qui s'arrondit comme une pomme.

Et mon cœur
D'elle prend vigueur et vie.

Je voudrois, au bruit de l'eau
　　D'un ruisseau,
Desplier ses tresses blondes,
Frizant en autant de nœus
　　Ses cheveux,
Que je verrois friser d'ondes.

Je voudrois, pour la tenir,
　　Devenir
Dieu de ces forests désertes,
La baisant autant de fois
　　Qu'en un bois
Il y a de fueilles vertes.

Hà, Maistresse mon soucy,
　　Vien icy,
Vien contempler la verdure!
Les fleurs, de mon amitié
　　Ont pitié,
Et seule tu n'en as cure[1].

Au moins lève un peu tes yeux
　　Gracieux,
Et voy ces deux colombelles,
Qui font naturellement,
　　Doucement,
L'amour, du bec et des ailes :

Et nous, sous ombre d'honneur,

---

[1] Souci ; *cura.*

Le bon-heur
Trahissons par une crainte :
Les oyseaux sont plus heureux
Amoureux
Qui font l'amour sans contrainte.

Toutefois ne perdons pas
Nos esbats
Pour ces loix tant rigoureuses :
Mais si tu m'en crois, vivons,
Et suyvons
Les colombes amoureuses.

Pour effacer mon esmoy,
Baise-moy,
Rebaise-moy, ma Déesse ;
Ne laissons passer en vain
Si soudain
Les ans de notre jeunesse.

―o XVI o―

CHANSON.

Douce Maistresse, touche,
Pour soulager mon mal,
Ma bouche, de ta bouche
Plus rouge que coral :
Que mon col soit pressé
De ton bras enlassé.

Puis, face dessus face,
Regarde-moi les yeux,

Afin que ton trait passe
En mon cœur soucieux,
Cœur qui ne vit, sinon
D'amour et de ton nom.

Je l'ay veu fier et brave,
Avant que ta beauté,
Pour estre son esclave,
Du sein me l'eust osté :
Mais son mal luy plaist bien,
Pourveu qu'il meure tien.

Belle, par qui je donne
A mes yeux tant d'esmoy,
Baise-moi, ma mignonne,
Cent fois rebaise-moy.
Et quoi? faut-il en vain
Languir dessus ton sein?

Maistresse, je n'ay garde
De vouloir t'éveiller :
Heureux quand je regarde
Tes beaux yeux sommeiller;
Heureux quand je les voy
Endormis dessus moy !

Veux-tu que je les baise,
Afin de les ouvrir?
Ha! tu fais la mauvaise
Pour me faire mourir :
Je meurs entre tes bras,
Et si ne t'en chaut pas !

Hà! ma chère ennemie,

Si tu veux m'appaiser,
Redonne-moi la vie
Par l'esprit d'un baiser.
Hà! j'en sens la douceur
Couler jusques au cœur.

J'aime la douce rage
D'amour continuel,
Quand d'un mesme courage
Le soin est mutuel.
Heureux sera le jour
Que je mourray d'amour!

⚬ XVII ⚬

ÉLÉGIE.[1]

. . . .
Celui qui mieux seroit en tels baisers appris,
Sur tous les jouvenceaux emporteroit le prix,
Seroit dit le vainqueur des baisers de Cythère,
Et tout chargé de fleurs s'en-iroit à sa mère.

Aux pieds de mon autel, en ce temple nouveau,
Luiroit le feu veillant d'un éternel flambeau,
Et seroient ces combats nommez après ma vie,
Les jeux que fit Ronsard pour sa belle Marie.

O ma belle Maistresse, hé que je voudrois bien
Qu'Amour nous eust conjoints d'un semblable lien,

---

[1] Imité de Théocrite, idyl. 12.

Et qu'après nos trespas dans nos fosses ombreuses
Nous fussions la chanson des bouches amoureuses :
Que ceux de Vendomois dissent tous d'un accord
(Visitant le tombeau sous qui je serois mort) :
« Nostre Ronsard, quittant son Loir et sa Gastine,
A Bourgueil fut épris d'une belle Angévine. »
Et que les Angevins dissent tous d'une vois :
« Nostre belle Marie aimoit un Vendomois ;
Les deux n'avoient qu'un cœur, et l'amour mutuelle
Qu'on ne void plus icy, leur fut perpétuelle. »
Siècle vrayment heureux, siècle d'or, estimé,
Où tousjours l'amoureux se voyoit contre-aimé !
Puisse ariver après l'espace d'un long âge,
Qu'un esprit vienne à bas, sous le mignard ombrage
Des Myrtes, me conter que les âges n'ont peu
Effacer la clarté qui luist de nostre feu ;
Mais, que, de voix en voix, de parole en parole,
Nostre gentille ardeur par la Jeunesse vole,
Et qu'on apprend par cœur les vers et les chansons
Qu'Amour chanta pour vous en diverses façons,
Et qu'on pense amoureux celui qui remémore
Votre nom et le mien, et nos tombes honore !
Or il en adviendra ce que le Ciel voudra,
Si est-ce que ce Livre immortel apprendra
Aux hommes et au temps et à la renommée,
Que je vous ay six ans plus que mon cœur aimée.

⚬ XVIII[1] ⚬

Ciel, que tu es malicieux !
Qui eust pensé que ces beaux yeux,

[1] Après six ans d'amour, la belle Marie tomba malade et mourut.

Qui me faisoient si douce guerre,
Ces mains, ceste bouche et ce front
Qui prindrent mon cœur, et qui l'ont,
Ne fussent maintenant que terre?

Hélas ! où est ce doux parler,
Ce voir, cet ouyr, cet aller,
Ce ris qui me faisoit apprendre
Que c'est qu'aimer ? hà, doux refus !
Hà ! doux desdains, vous n'estes plus,
Vous n'estes plus qu'un peu de cendre.

. . . .

Toutesfois, en moy je la sens
Encore l'objet de mes sens,
Comme à l'heure qu'elle estoit vive :
Ny mort ne me peut retarder,
Ny tombeau ne me peut garder
Que par penser je ne la suive.

Si je n'eusse eu l'esprit chargé
De vaine erreur, prenant congé
De sa belle et vive figure,
Oyant sa voix, qui sonnoit mieux
Que de coustume, et ses beaux yeux
Qui reluisoient outre mesure,

Et son souspir qui m'embrasoit,
J'eusse bien vu qu'ell' me disoit :
Or' soule-toi de mon visage,
Si jamais tu en eus souci :
Tu ne me verras plus ici,
Je m'en vais faire un long voyage.

J'eusse amassé de ses regars
Un magazin, de toutes pars,
Pour nourrir mon âme estonnée,
Et paistre longtemps ma douleur :
Mais onques [1] mon cruel malheur
Ne sceut prévoir ma destinée.

Depuis j'ay vescu de souci,
Et de regret qui m'a transi,
Comblé de passions estranges.
Je ne desguise mes ennuis :
Tu vois l'estat auquel je suis,
Du Ciel, assise entre les Anges.

. . . .

En ton âge le plus gaillard,
Tu as seul laissé ton Ronsard,
Dans le Ciel trop tost retournée,
Perdant beauté, grâce et couleur,
Tout ainsi qu'une belle fleur
Qui ne vit qu'une matinée.

. . . .

Si tu veux, Amour, que je sois
Encore un coup dessous tes lois,
M'ordonnant un nouveau service,
Il te faut sous la terre aller
Flatter Pluton, et r'appeler
En lumière mon Eurydice :

[1] Jamais; nunquam.

Ou bien, va-t'en là haut crier
A la Nature, et la prier
D'en faire une aussi admirable :
Mais j'ay grand'peur qu'elle rompit
Le moule alors qu'elle la fit,
Pour n'en tracer plus de semblable.

Refay-moi voir deux yeux pareils
Aux siens, qui m'étoient deux Soleils,
Et m'ardoient d'une flamme extrême,
Où tu soulois ¹ tendre tes las,
Tes hameçons et tes appas,
Où s'engluoit la Raison mesme.

Ren-moy ce voir et cet ouïr,
De ce parler fay-moy jouïr,
Si douteux à rendre responce :
Ren-moy l'objet de mes ennuis :
Si faire cela tu ne puis.
Va-t'en ailleurs, je te renonce.

A la Mort j'auray mon recours :
La Mort me sera mon secours,
Comme le but que je désire.
Dessus la Mort tu ne peus rien,
Puis qu'elle a dérobé ton bien,
Qui fut l'honneur de ton Empire.

Soit que tu vives près de Dieu,
Ou aux Champs Élysez, adieu,
Adieu cent fois, adieu Marie :

---

¹ Tu avais coutume ; *solere*.

Jamais mon cœur ne t'oubli'ra,
Jamais la Mort ne desli'ra
Le nœud dont ta beauté me lie.

○ XIX ○

Comme on void sur la branche, au mois de May, la rose
En sa belle jeunesse, en sa première fleur,
Rendre le Ciel jaloux de sa vive couleur,
Quand l'Aube, de ses pleurs, au point du jour, l'arrose :

La Grâce dans sa fueille, et l'Amour se repose,
Embasmant les jardins et les arbres d'odeur :
Mais battuë ou de pluie ou d'excessive ardeur,
Languissante, elle meurt fueille à fueille déclose.

Ainsi, en ta première et jeune nouveauté,
Quand la terre et le Ciel honoroient ta beauté,
La Parque t'a tuée, et cendre tu reposes.

Pour obsèques reçoy mes larmes et mes pleurs,
Ce vase plein de laict, ce pannier plein de fleurs,
A fin que vif et mort ton corps ne soit que roses.

AMOURS D'ASTREE.[1]

⸻ I ⸻

Jamais Hector, aux guerres, n'estoit lâche,
Lors qu'il alloit combattre les Grégeois :
Tousjours sa femme attachoit son harnois,
Et sur l'armet luy plantoit son pennache.

Il ne craignoit la Péléenne hache
Du grand Achille, ayant deux ou trois fois
Baisé sa femme, et tenant en ses dois
Une faveur de sa belle Andromache.

Heureux cent fois, toy Chevalier errant,
Que ma déesse alloit hier parant,
Et qu'en armant baisoit, comme je pense !

[1] Ronsard, qui n'avait pas dédaigné dans Marie une humble fille de village, ne craignit pas de lever les yeux jusqu'à une noble dame de la famille d'Estrée, qu'il célébra sous le nom d'*Astrée*.

De sa vertu procède ton honneur :
Que pleust à Dieu, pour avoir ce bon-heur,
Avoir changé mes plumes à ta lance !

II

A mon retour (hé, je m'en désespère !)
Tu m'as receu d'un baiser tout glacé,
Froid, sans saveur, baiser d'un trespassé,
Tel que Diane en donnoit à son frère,

Tel qu'une fille en donne à sa grand'mère,
La fiancée en donne au fiancé,
Ny savoureux, ny moiteux, ny pressé :
Et quoy, ma lèvre est-elle si amère ?

Hà, tu devrois imiter les pigeons,
Qui, bec en bec, de baisers doux et longs
Se font l'amour sur le haut d'une souche.

Je te suppli', Maistresse, désormais
Ou baise-moy, la saveur en la bouche,
Ou bien du tout ne me baise jamais.

III

Pour retenir un amant en servage,
Il faut aimer et non dissimuler,
De mesme flame amoureuse brusler,
Et que le cœur soit pareil au langage :

Tousjours un ris, tousjours un bon visage,
Tousjours s'escrire et s'entre-consoler :

Ou qui ne peut escrire ny parler,
A tout le moins s'entre-voir par message.

Il faut avoir de l'amy le pourtraict,
Cent fois le jour en rebaiser le traict :
Que d'un plaisir deux âmes soient guidées,

Deux corps en un rejoincts en leur moitié.
Voilà les poincts qui gardent l'amitié,
Et non pas vous qui n'aimez qu'en idées.

○ IV ○

ÉLÉGIE DU PRINTEMPS,

ADRESSÉE A ISABEAU, SOEUR D'ASTRÉE.

Printemps fils du Soleil, que la Terre, arrousée
De la fertile humeur d'une douce rousée,
Au milieu des œillets et des Roses conceut,
Quand Flore, entre ses bras, nourrice vous receut,
Naissez, croissez, Printemps, laissez-vous apparoistre :
En voyant Isabeau, vous pourrez vous cognoistre.
Elle est votre miroër, et deux lys assemblez
Ne se ressemblent tant que vous entre-semblez ?
Tous les deux n'estes qu'un, c'est une mesme chose.
La Rose que voicy ressemble à ceste rose,
Le Diamant, à l'autre, et la fleur, à la fleur :
Le Printemps est le frère, Isabeau est la sœur.

On dit que le printemps, pompeux de sa richesse,
Orgueilleux de ses fleurs, enflé de sa jeunesse,
Logé comme un grand Prince en ses vertes maisons,
Se vantoit le plus beau de toutes les saisons,

Et, se glorifiant, le contoit à Zéphire.
Le Ciel en fut marry, [1] qui soudain le vint dire
A la mère Nature. Elle, pour r'abaisser
L'orgueil de cet enfant, va par tout ramasser
Les biens qu'elle serroit de mainte en mainte année.

Quand elle eut son espargne en son moule ordonnée,
Là fit fondre; et versant ce qu'elle avoit de beau,
Miracle! nous fit naistre une belle Isabeau,
Belle Isabeau de nom, mais plus belle de face,
De corps belle et d'esprit, des trois Grâces la grâce.
Le Printemps estonné, qui si belle la voit,
De vergongne la fièvre en son cœur il avoit :
Tout le sang lui bouillonne au plus creux de ses veines :
Il fit de ses deux yeux saillir mille fontaines,
Souspirs dessus souspirs comme feu luy sortoient,
Ses muscles et ses nerfs en son corps luy batoient :
Il devint en jaunisse, et d'une obscure nuë
La face se voila pour n'estre plus cognuë.

« Et quoy? disoit ce Dieu de honte furieux,
Ayant la honte au front et les larmes aux yeux,
Je ne sers plus de rien, et ma beauté première,
D'autre beauté vaincue, a perdu sa lumière :
Une autre tient ma place, et ses yeux en tout temps
Font aux hommes sans moy tous les jours un Printemps:
Et mesme le Soleil plus longuement retarde
Ses chevaux sur la terre, à fin qu'il la regarde,
Il ne veut qu'à grand' peine entrer dedans la mer,
Et, se faisant plus beau, fait semblant de l'aimer.
Elle m'a desrobé mes grâces les plus belles,
Mes œillets et mes lys, et mes roses nouvelles,

[1] Chagrin, attristé; mœror.

Ma jeunesse, mon teint, mon fard, ma nouveauté,
Et diriez, en voyant une telle beauté,
Que tout son corps ressemble une belle prairie,
De cent mille couleurs au mois d'Avril fleurie.
Bref, elle est toute belle, et rien je n'apperçoy
Qui la puisse égaler, seule semblable à soy.

« Le beau traict de son œil seulement ne me touche,
Je n'aime seulement ses cheveux et sa bouche,
Sa main qui peut d'un coup et blesser et guarir :
Sur toutes ses beautez son sein me fait mourir.
Cent fois ravy, je pense, et si ne saurois dire
De quelle veine fut emprunté le Porphyre
Et le Marbre poli, dont Amour l'a basti,
Ny de quels beaux jardins cest œillet est sorti,
Qui donna la couleur à sa jeune mammelle,
Dont le bouton ressemble une fraize nouvelle,
Verdelet, pommelé, des Grâces le séjour :
Vénus et ses enfants volent tout à l'entour,
La douce Mignardise, et les douces Blandices,[1]
Et tout cela qu'Amour inventa de Délices.
Je m'en vay furieux, sans raison ni conseil,
Je ne sçaurois souffrir au monde mon pareil. »

Ainsi disoit ce Dieu, tout rempli de vergongne.
Voilà pourquoy de nous si longtemps il s'élongne
Craignant vostre beauté dont il est surpassé :
Ayant quitté la place à l'Hyver tout glacé,
Il n'ose retourner. Retourne, je te prie,
Printemps père des fleurs : il faut qu'on te marie
A la belle Isabeau ; car vous apparier,
C'est aux mesmes beautez les beautez marier,

---

[1] Caresses, flatteries ; *blanditiæ*.

Les fleurs avec les fleurs : de si belle alliance
Naistra, de siècle en siècle, un Printemps en la France.
Pour doüaire certain, tous deux vous promettez
De vous entre-donner vos fleurs et vos beautez,
Afin que vos beaux ans, en despit de vieillesse,
Ainsi qu'un Renouveau [1] soient tousjours en jeunesse

[1] Printemps.

POÉSIES POUR HELÈNE [1].

I

Adieu, belle Cassandre, et vous, belle Marie,
Pour qui je fu trois ans en servage à Bourgueil,
L'une vit, l'autre est morte, et ores, de son œil
Le Ciel se réjoüit, dont la terre est marrie.

Sur mon premier Avril, d'une amoureuse envie
J'adoray vos beautez, mais vostre fier orgueil
Ne s'amollit jamais pour larmes ny pour dueil,
Tant d'une gauche main la Parque ourdit ma vie.

Maintenant en Automne, encore malheureux,
Je vy comme au Printemps, de nature amoureux,
Afin que tout mon âge aille au gré de la peine.

[1] C'était mademoiselle Hélène de Surgères, d'une bonne famille de Saintonge, et fille d'honneur de la reine-mère Catherine de Médicis. Ces nouvelles Amours sont plus respectueuses que les autres, et purement platoniques; elles furent entreprises avec l'agrément et en quelque sorte par l'ordre de la reine.

Et or' que je deusse estre affranchi du harnois,
Mon Colonnel m'envoye, à grand coups de carquois,
Rassiéger Ilion pour conquérir Hélène.

-o II[1] o-

Ostez vostre beauté, ostez vostre jeunesse,
Ostez ces rares dons que vous tenez des Cieux,
Ostez ce docte esprit, ostez-moy ces beaux yeux,
Cet aller, ce parler digne d'une déesse.

Je ne vous seray plus d'une importune presse,
Faschéux comme je suis; vos dons si précieux
Me font, en les voyant, devenir furieux,
Et par le désespoir l'âme prend hardiesse.

Pour ce, si quelquefois je vous touche la main,
Par courroux vostre teint n'en doit devenir blesme :
Je suis fol, ma raison n'obeyt plus au frein,

Tant je suis agité d'une fureur extrême :
Ne prenez, s'il vous plaist, mon offense à desdain;
Mais, douce, pardonnez mes fautes à vous mesme.

-o III o-

Je plante en ta faveur cet arbre de Cybelle,
Ce Pin, où tes honneurs se liront tous les jours :
J'ay gravé sur le tronc nos noms et nos amours,
Qui croistront à l'envy de l'escorce nouvelle.

[1] Imité de Pétrarque.

Faunes, qui habitez ma terre paternelle,
Qui menez sur le Loir vos dances et vos tours,
Favorisez la plante et lui donnez secours,
Que l'Esté ne la brusle et l'Hyver ne la gelle.

Pasteur, qui conduiras en ce lieu ton troupeau,
Flageollant une Églogue en ton tuyau d'aveine,
Attache tous les ans à cest arbre un tableau,

Qui tesmoigne aux passans mes amours et ma peine :
Puis l'arrosant de laict et du sang d'un agneau,
Dy : « Ce Pin est sacré, c'est la plante d'Hélène. »

IV

Vous triomphez de moy, et pour ce, je vous donne
Ce Lierre qui coule et se glisse à l'entour
Des arbres et des murs, lesquels, tour dessus tour,
Plis dessus plis, il serre, embrasse et environne.

A vous, de ce Lierre appartient la Couronne :
Je voudrois, comme il fait, et de nuict et de jour,
Me plier contre vous, et languissant d'amour,
D'un nœud ferme enlacer vostre belle colonne.

Ne viendra point le temps que dessous les rameaux,
Au matin où l'Aurore éveille toutes choses,
En un Ciel bien tranquille, au caquet des oiseaux,

Je vous puisse baiser à lèvres demy-closes,
Et vous conter mon mal, et de mes bras jumeaux
Embrasser à souhait vostre yvoire et vos roses?

V

Quand vous serez bien vieille, au soir, à la chandelle,
Assise auprès du feu, devisant et filant,
Direz chantant mes vers, en vous esmerveillant :
Ronsard me célébroit du temps que j'estois belle.

Lors vous n'aurez servante oyant telle nouvelle,
Desja sous le labeur à demy sommeillant,
Qui au bruit de mon nom ne s'aille réveillant,
Bénissant votre nom de louange immortelle.

Je seray sous la terre, et, fantosme sans os,
Par les ombres myrteux¹ je prendray mon repos;
Vous serez au fouyer une vieille accroupie,

Regrettant mon amour et vostre fier desdain.
Vivez, si m'en croyez, n'attendez à demain;
Cueillez dés aujourd'huy les roses de la vie.

VI

Celle, de qui l'Amour vainquit la fantasie,
Que Jupiter conceut sous un Cygne emprunté;
Ceste sœur des Jumeaux, qui fit par sa beauté
Opposer toute Europe aux forces de l'Asie,

Disoit à son miroüer, quand elle veit saisie
Sa face de vieillesse et de hideuseté :

---

¹ C'est-à-dire sous l'ombrage des myrtes.

« Que mes premiers Maris insensez ont esté
De s'armer pour jouïr d'une chair si moisie !

« Dieux, vous estes jaloux et pleins de cruauté !
Des Dames sans retour s'en-vole la beauté :
Aux serpens tous les ans vous ostez la vieillesse. »

Ainsi disoit Hélène, en remirant son teint.
Cest exemple est pour vous : cueillez vostre jeunesse :
Quand on perd son Avril, en Octobre on s'en plaint.

VII

Qu'il me soit arraché des tetins de sa mère
Ce jeune enfant Amour, et qu'il me soit rendu ;
Il ne fait que de naistre et m'a desja perdu ;
Vienne quelque marchand, je le mets à l'enchère.

D'un si mauvais garçon la vente n'est pas chère,
J'en feray bon marché. Ah ! j'ay trop attendu.
Mais voyez comme il pleure, il m'a bien entendu ;
Appaise-toy, mignon, j'ay passé ma cholère,

Je ne te vendray point : au contraire, je veux
Pour Page t'envoyer à ma maistresse Hélène,
Qui toute te ressemble et d'yeux et de cheveux,

Aussi fine que toy, de malice aussi pleine.
Comme enfans vous croistrez, et vous joûrez tous deux ;
Quand tu seras plus grand, tu me payras ma peine.

VIII

« Il ne faut s'esbahir, disoient ces bons vieillars
Dessus le mur Troyen, voyans passer Hélène,
Si pour telle beauté nous souffrons tant de peine,
Nostre mal ne vaut pas un seul de ses regars.

« Toutesfois il vaut mieux, pour n'irriter point Mars,
La rendre à son espoux, afin qu'il la remmeine,
Que voir de tant de sang nostre campagne pleine,
Nostre haure gaigné, l'assaut à nos rampars. »

Pères, il ne falloit, à qui la force tremble,
Par un mauvais conseil les jeunes retarder ;
Mais, et jeunes et vieux, vous deviez tous ensemble

Pour elle corps et biens et ville hazarder.
Ménélas fut bien sage, et Pâris, ce me semble,
L'un de la demander, l'autre de la garder [1].

IX

Afin que ton renom s'estende par la plaine,
Autant qu'il monte au ciel engravé dans un Pin,
Invoquant tous les Dieux, et respandant du vin,
Je consacre à ton nom ceste belle Fontaine.

---

[1] Ces deux derniers vers sont pris de Properce :

> Nunc, Pari, tu sapiens, et tu Menelae, fuisti,
> Tu quia poscebas, tu quia lentus eras.

Pasteurs, que vos troupeaux frisez de blanche laine
Ne paissent à ces bords ; y fleurisse le Thym,
Et tant de belles fleurs qui s'ouvrent au matin,
Et soit dite à jamais la Fontaine d'Hélène.

Le passant, en Esté, s'y puisse reposer.
Et assis dessus l'herbe à l'ombre composer
Mille chansons d'Hélène, et de moi luy souvienne !

Quiconques en boira, qu'amoureux il devienne ;
Et puisse, en la humant, une flame puiser
Aussi chaude qu'au cœur je sens chaude la mienne !

-o X o-

ÉLÉGIE.

Six ans estoient coulez, et la septième année
Estoit presques entière en ses pas retournée,
Quand loin d'affection, de désir et d'amour,
En pure liberté je passois tout le jour,
Et franc de tout soucy qui les âmes dévore,
Je dormois dés le soir jusqu'au poinct de l'Aurore ;
Car seul maistre de moy, j'allois, plein de loisir,
Où le pied me portoit, conduit de mon désir,
Ayant tousjours és mains pour me servir de guide
Aristote ou Platon, ou le docte Euripide,
Mes bons hostes muets qui ne fâchent jamais ;
Ainsi que je les prens, ainsi je les remais ;
O douce compagnie et utile et honneste !
Un autre en caquetant m'estourdiroit la teste.

Puis, du livre ennuyé, je regardois les fleurs,

Fueilles, tiges, rameaux, espèces, et couleurs,
Et l'entrecoupement de leurs formes diverses,
Peintes de cent façons, jaunes, rouges et perses,
Ne me pouvant saouler, ainsi qu'en un tableau,
D'admirer la Nature, et ce qu'elle a de beau ;
Et de dire, en parlant aux fleurettes escloses :
« Celuy est presque Dieu qui cognoist toutes choses. »
Eslogné du vulgaire, et loin des courtizans,
De fraude et de malice impudens artizans,
Tantost j'errois seulet par les forests sauvages,
Sur les bords enjonchez des peinturez rivages,
Tantost par les rochers reculez et déserts,
Tantost par les taillis, verte maison des cerfs.

J'aimois le cours suivy d'une longue rivière,
Et voir onde sur onde allonger sa carrière,
Et flot à l'autre flot en roulant s'attacher ;
Et, pendu sur le bord, me plaisoit d'y pescher,
Estant plus resjoüy d'une chasse muette
Troubler des escaillez la demeure secrette,
Tirer avecq' la ligne, en tremblant emporté,
Le crédule poisson prins à l'haim apasté[1],
Qu'un grand Prince n'est aise ayant pris à la chasse
Un cerf, qu'en haletant tout un jour il pourchasse,
Heureux, si vous eussiez, d'un mutuel esmoy,
Prins l'apast amoureux aussi bien comme moy,
Que tout seul j'avallay, quand par trop désireuse
Mon âme en vos yeux beut la poison amoureuse.

Puis alors que Vesper vient embrunir nos yeux,
Attaché dans le Ciel je contemple les Cieux,
En qui Dieu nous escrit en notes non obscures

[1] Hameçon amorcé.

Les sorts et les destins de toutes créatures.
Car luy, en desdaignant (comme font les humains)
D'avoir encre et papier et plume entre les mains,
Par les astres du Ciel, qui sont ses caractères,
Les choses nous prédit et bonnes et contraires ;
Mais les hommes, chargez de terre et du trespas,
Mesprisent tel escrit, et ne le lisent pas.

Or le plus de mon bien pour décevoir ma peine,
C'est de boire à longs traits les eaux de la fontaine
Qui de vostre beau nom se brave [1], et, en courant
Par les prez, vos honneurs va tousjours murmurant,
Et la Royne se dit des eaux de la contrée ;
Tant vaut le gentil soin d'une Muse sacrée,
Qui peut vaincre la Mort et les sorts inconstans,
Sinon pour tout jamais, au moins pour un long tems.

Là couché dessus l'herbe, en mes discours je pense
Que pour aimer beaucoup, j'ay peu de récompense,
Et que mettre son cœur aux Dames si avant,
C'est vouloir peindre en l'onde et arrester le vent ;
M'asseurant toutefois, qu'alors que le vieil âge
Aura comme un sorcier changé vostre visage,
Et lorsque vos cheveux deviendront argentez,
Et que vos yeux, d'Amour, ne seront plus hantez,
Que tousjours vous aurez, si quelque soin vous touche,
En l'esprit mes escrits, mon nom en vostre bouche.

Maintenant que voicy l'an septième venir,
Ne pensez plus, Hélène, en vos laqs me tenir ;
La raison m'en délivre et vostre rigueur dure ;
Puis il faut que mon âge obeïsse à nature.

[1] S'enorgueillit, est fière.

AMOURS DIVERSES.

AU SEIGNEUR DE VILLEROY
EN LUI ENVOYANT LE LIVRE D'AMOURS DIVERSES.

—o I o—

Jà du prochain Hyver je prévoy la tempeste,
Jà cinquante et six ans ont neigé sur ma teste,
Il est temps de laisser les vers et les amours,
Et de prendre congé du plus beau de mes jours.
J'ay vescu (Villeroy) si bien, que nulle envie
En partant je ne porte aux plaisirs de la vie;
Je les ai tous goustez, et me les suis permis
Autant que la raison me les rendoit amis,
Sur l'eschauffaut mondain joüant mon personnage
D'un habit convenable au temps et à mon âge.

J'ay veu lever le jour, j'ai veu coucher le soir,
J'ay veu gresler, tonner, esclairer et pleuvoir,

J'ay veu peuples et Roys, et depuis vingt années
J'ay veu presque la France au bout de ses journées ;
J'ay veu guerres, débats, tantost trêves et paix,
Tantost accords promis, redéfais et refais,
Puis défais et refais. J'ay veu que sous la Lune
Tout n'estoit que hazard, et pendoit de Fortune.
Pour néant la Prudence est guide des humains ;
L'invincible Destin luy enchaisne les mains,
La tenant prisonnière, et tout ce qu'on propose
Sagement, la Fortune autrement en dispose.

Je m'en-vais saoul du monde, ainsi qu'un convié
S'en va saoul du banquet de quelque marié,
Ou du festin d'un Roy, sans renfrongner sa face,
Si un autre après luy se saisist de sa place.
J'ay couru mon flambeau [1] sans me donner esmoy
Le baillant à quelqu'un s'il recourt après moy ;
Il ne faut s'en fascher ; c'est la Loi de Nature,
Où s'engage en naissant chacune créature...

. . . . , ...

Or comme un endebté, de qui proche est le terme
De payer à son maistre ou l'usure ou la ferme,
Et n'ayant ny argent ny biens pour secourir
Sa misère au besoin, désire de mourir ;
Ainsi, ton obligé, ne pouvant satisfaire
Aux biens que je te doibs, le jour ne me peut plaire ;
Presque à regret je vy et à regret je voy
Les rayons du Soleil s'estendre dessus moy.

---

[1] Cette belle image est traduite de Lucrèce :
   Et quasi cursores, vitaï lampada tradunt.

Pour ce, je porte en l'âme une amère tristesse,
De quoy mon pied s'avance aux faux-bourgs de vieillesse,
Et voy (quelque moyen que je puisse essayer)
Qu'il faut que je desloge avant que te payer ;
S'il ne te plaist d'ouvrir le ressort de mon coffre,
Et prendre ce papier que pour acquit je t'offre,
Et ma plume qui peut, escrivant vérité,
Tesmoigner ta loüange à la postérité.

Reçoy donc mon présent, s'il te plaist, et le garde
En ta belle maison de Conflant, qui regarde
Paris, séjour des Roys, dont le front spacieux
Ne void rien de pareil sous la voûte des Cieux ;
Attendant qu'Apollon m'eschauffe le courage
De chanter tes jardins, ton clos et ton bocage,
Ton bel air, ta rivière et les champs d'alentour
Qui sont toute l'année eschauffez d'un beau jour,
Ta forest d'Orangers, dont la perruque verte
De cheveux éternels en tout temps est couverte,
Et tousjours son fruict d'or de ses fueilles défend,
Comme une mère fait de ses bras son enfant.

Prend ce Livre pour gage, et luy fais, je te prie,
Ouvrir en ma faveur ta belle Librairie,
Où logent sans parler tant d'hostes estrangers ;
Car il sent aussi bon que font tes Orangers.

II

D'autant que l'arrogance est pire que l'humblesse [1],
Que les pompes et fards sont tousjours desplaisans,

---

[1] Humilité.

Que les riches habits, d'artifice pesans,
Ne sont jamais si beaux que la pure simplesse;

D'autant que l'innocente et peu caute [1] jeunesse
D'une Vierge vaut mieux en la fleur de ses ans,
Qu'une Dame espousée abondante en enfans,
D'autant j'aime ma vierge, humble et jeune Maistresse.

J'aime un bouton vermeil entr'esclos au matin,
Non la rose du soir, qui au Soleil se lâche;
J'aime un corps de jeunesse en son printemps fleury;

J'aime une jeune bouche, un baiser enfantin
Encore non soüillé d'une rude moustache,
Et qui n'a point senty le poil blanc d'un mary.

III

Quand, l'esté, dans ton lict, tu te couches malade,
Couverte d'un linceul, de roses tout semé,
Amour, d'arc et de trousse et de flèches armé,
Caché sous ton chevet, se tient en embuscade.

Personne ne te void, qui d'une couleur fade
Ne retourne au logis ou malade ou pasmé;
Qu'il ne sente d'Amour tout son cœur entamé,
Ou ne soit esbloüy des rais de ton œillade.

C'est un plaisir de voir tes cheveux arrangez
Sous un scofion peint d'une soye diverse;
Voir deçà, voir delà tes membres allongez,

---

[1] Prévoyante; *cautus*.

Et ta main qui le lict nonchalante traverse,
Et ta voix qui me charme, et ma raison renverse
Si fort que tous mes sens en deviennent changez.

-o IV o-

CHANSON.

Plus estroit que la vigne à l'Ormeau se marie,
    De bras souplement forts,
Du lien de tes mains, Maistresse, je te prie,
    Enlace-moy le corps.

Et feignant de dormir, d'une mignarde face
    Sur mon front penche-toy ;
Inspire, en me baisant, ton haleine et ta grace
    Et ton cœur dedans moy.

Puis appuyant ton sein sur le mien qui se pâme,
    Pour mon mal appaiser,
Serre plus fort mon col, et me redonne l'âme
    Par l'esprit d'un baiser.

Si tu me fais ce bien, par tes yeux je te jure,
    Serment qui m'est si cher,
Que de tes bras aimez jamais autre avanture
    Ne pourra m'arracher.

Mais souffrant doucement le joug de ton Empire,
    Tant soit-il rigoureux,
Dans les champs Élysez une mesme navire
    Nous passera tous deux.

Là, morts de trop aimer, sous les branches Myrtines
    Nous verrons tous les jours
Les anciens Héros auprès des Héroïnes
    Ne parler que d'amours.

Tantost nous dancerons par les fleurs des rivages
    Sous maints accords divers,
Tantost lassez du bal irons sous les ombrages
    Des Lauriers tousjours verds;

Où le mollet Zéphyre en haletant secouë
    De souspirs printaniers
Ores les Orangers, ores mignard se jouë
    Entre les Citronniers.

Là du plaisant Avril la saison immortelle
    Sans eschange le suit :
La terre, sans labeur, de sa grasse mammelle,
    Toute chose y produit.

D'en bas la troupe sainte autrefois amoureuse,
    Nous honorant sur tous,
Viendra nous saluër, s'estimant bien-heureuse
    De s'accointer [1] de nous.

Puis nous faisant asseoir dessus l'herbe fleurie,
    De toutes au milieu,
Nulle, en se retirant, ne sera point marrie
    De nous quitter son lieu ;

Non celle [2] qu'un Taureau sous une peau menteuse
    Emporta par la mer ;

---

[1] S'approcher, se lier. — [2] Europe.

Non celle [1] qu'Apollon vid, vierge despiteuse,
  En Laurier se former;

Ny celles qui s'en vont toutes tristes ensemble,
  Artemise et Didon;
Ny ceste belle Grecque, à qui ta beauté semble
  Comme tu fais de nom.

V

Que me servent mes vers et les sons de ma Lyre,
Quand nuict et jour je change et de mœurs et de peau,
Pour aimer sottement un visage si beau!
Que l'homme est mal-heureux qui pour l'amour souspire!

Je pleure, je me deuls [2], je suis plein de martyre,
Je fay mille Sonnets, je me romps le cerveau,
Et ne suis point aimé : un amoureux nouveau
Gaigne tousjours ma place, et je ne l'ose dire.

Madame en toute ruse a l'esprit bien appris,
Qui tousjours cherche un autre, après qu'elle m'a pris.
Quand d'elle je bruslois, son feu devenoit moindre;

Mais ores que je feins n'estre plus enflamé,
Elle brusle de moy. Pour estre bien aimé,
Il faut aimer bien peu, beaucoup promettre et feindre.

VI.

VOEU A VÉNUS,

POUR GARDER CYPRE [3] CONTRE L'ARMÉE DU TURC.

Belle Déesse, amoureuse Cyprine,
  Mère du Jeu, des Grâces et d'Amour,

---

[1] Daphné. — [2] Je me désole, je gémis; de *douloir*. — [3] L'île

Qui fais sortir tout ce qui vit au jour,
Comme du Tout le germe et la racine ;

Idalienne, Amathonte, Erycine,
Défens des Turcs Cypre ton beau séjour ;
Baise ton Mars, et tes bras à l'entour
De son col plie, et serre sa poictrine.

Ne permets point qu'un barbare Seigneur
Perde ton Isle et soüille ton honneur ;
De ton berceau, chasse autre-part la guerre.

Tu le feras : car, d'un trait de tes yeux,
Tu peux fléchir les hommes et les Dieux,
Le Ciel, la Mer, les Enfers et la Terre.

VII.

Je faisois ces Sonnets en l'Antre Piéride,
Quand on vid les François sous les armes suer,
Quand on vid tout le peuple en fureur se ruer,
Quand Bellonne sanglante alloit devant pour guide ;

Quand en lieu de la loy, le vice, l'homicide,
L'impudence, le meurtre, et se sçavoir muer
En Glauque [1] et en Protée, et l'Estat remuer,
Estoient tiltres d'honneur, nouvelle Thébaïde.

---

de Chypre, qui appartenait alors aux Vénitiens, fut envahie par les Turcs en 1570, et passa sous la domination de Sélim II.

[1] Glaucus le Pontique, pêcheur devenu dieu marin, changeant de forme comme Protée, était tour à tour homme et triton.

Pour tromper les soucis d'un temps si vicieux,
J'escrivois en ces vers ma complainte inutile.
Mars aussi bien qu'Amour de larmes est joyeux.

L'autre guerre est cruelle, et la mienne est gentille;
La mienne finiroit par un combat de deux,
Et l'autre ne pourroit par un camp de cent mille.

ODES [1].

A MICHEL DE L'HOSPITAL,

CHANCELIER DE FRANCE.

STROPHE I.

Errant par les champs de la Grâce,
Qui peint mes vers de ses couleurs,
Sur les bords Dircéans [2] j'amasse
L'eslite des plus belles fleurs,
Afin qu'en pillant je façonne

---

[1] Ronsard est le poëte qui introduisit l'ode en France. Si Jacques Pelletier du Mans et Joachim Dubellay ont publié avant lui des odes, ils avaient déjà connaissance des siennes, et eux-mêmes ils ont attribué l'honneur de l'invention à Ronsard. — [2] Dircé, fontaine de Thèbes.

D'une laborieuse main
La rondeur de ceste couronne,
Trois fois torse d'un ply Thébain,
Pour orner le haut de la gloire
De L'Hospital, mignon des Dieux,
Qui çà bas ramena des Cieux
Les filles qu'enfanta Mémoire.

ANTISTROPHE.

Mémoire, Royne d'Eleuthère [1],
Par neuf baisers qu'elle receut
De Jupiter qui la fit mère,
D'un seul coup neuf filles conceut.
Mais quand la Lune vagabonde
Eut courbé douze fois en rond
(Pour r'enflamer l'obscur du Monde)
La double voûte de son front,
Mémoire, de douleur outrée,
Dessous Olympe se coucha,
Et criant Lucine, accoucha
De neuf filles, d'une ventrée.

ÉPODE.

En qui respandit le Ciel
Une musique immortelle,
Comblant leur bouche nouvelle
Du jus d'un Attique miel :

---

[1] La Mémoire est ainsi appelée, parce que ceux qui veulent s'adonner à l'étude, doivent avoir l'esprit généreux et libre, dit M. de Sainte-Beuve.

Et a qui vrayment aussi
Les vers furent en souci,
Les vers dont flattez nous sommes,
Afin que leur doux chanter
Peust doucement enchanter
Le soin[1] des Dieux et des hommes.

STROPHE II.

Aussi tost que leur petitesse,
Courant avec les pas du temps,
Eut d'une rampante vitesse
Touché la borne de sept ans,
Le sang naturel, qui commande
De voir ses parens, vint saisir
Le cœur de ceste jeune bande,
Chatoüillé d'un noble désir :
Si qu'elles, mignardant leur mère,
Neuf et neuf bras furent pliant
Autour de son col, la priant
De voir la face de leur père.

ANTISTROPHE.

Mémoire impatiente d'aise,
Délaçant leur petite main,
L'une après l'autre les rebaise,
Et les presse contre son sein.
Hors des poumons à lente peine
Une parole luy montoit,

---

[1] Souci, peine; *cura*.

De souspirs allègrement pleine,
Tant l'affection l'agitoit,
Pour avoir desjà cognoissance
Combien ses filles auroient d'heur,
Ayant de près vu la Grandeur
Du Dieu qui planta leur naissance.

ÉPODE.

Après avoir relié
D'un tortis [1] de violettes
Et d'un cerne [2] de fleurettes
L'or de leur chef délié ;
Après avoir proprement
Troussé leur accoustrement,
Marcha loin devant sa trope [3],
Et la hastant, jour et nuict,
D'un pied dispos la conduit
Jusqu'au rivage Ethiope [4].

STROPHE III.

Ces Vierges encores nouvelles,
Et mal-apprises au labeur,
Voyant le front des mers cruelles,
S'effroyèrent d'une grand' peur ;
Et toutes panchèrent arrière
(Tant elles s'alloient émouvant),
Ainsi qu'au bord d'une rivière
Un jonc se panche sous le vent :
Mais leur mère non estonnée

---

[1] Tresse. — [2] Couronne ; *circinare*. — [3] Pour *troupe*. — [4] D'Éthiopie.

De voir leur sein qui haletoit,
Pour les asseurer les flatoit
De ceste parole empennée [1] :

ANTISTROPHE.

« Courage, mes filles (dit-elle),
Et filles de ce Dieu puissant,
Qui seul, en sa main immortelle,
Soustient le foudre rougissant ;
Ne craignez point les vagues creuses
De l'eau qui bruit profondément,
Sur qui vos chansons doucereuses
Auront un jour commandement :
Mais forcez-moy ces longues rides [2],
Et ne vous souffrez décevoir,
Que vostre père n'alliez voir
Dessous ces Royaumes humides. »

ÉPODE.

Disant ainsi, d'un plein saut
Toute dans les eaux s'allonge,
Comme un cygne qui se plonge
Quand il voit l'Aigle d'enhaut ;
Ou ainsi que l'Arc des cieux [3]
Qui, d'un grand tour spacieux,
Tout d'un coup en la mer glisse,
Quand Junon haste ses pas
Pour aller porter là bas
Un message à sa nourrice [4].

---

[1] Aussi rapide qu'une flèche. — [2] Au fig., vagues, profondeurs. — [3] Iris. — [4] Téthys.

STROPHE IV.

Elles adonc¹, voyant la trace
De leur mère, qui jà sondoit
Le creux du plus humide espace,
Qu'à coup de bras elle fendoit,
A chef baissé sont dévalées²,
Penchant bas la teste et les yeux
Dans le sein des plaines salées :
L'eau qui jaillit jusques aux Cieux,
Grondant sus elles se regorge,
Et frisant deçà et delà
Mille tortis³, les avala⁴
Dedans le gouffre de sa gorge.

ANTISTROPHE.

En cent façons de mains ouvertes
Et de pieds voûtez en deux pars,
Sillonnoient les campagnes vertes
De leurs bras vaguement espars.
Comme le plomb, dont la secousse
Traisne le filet jusqu'au fond.
L'extrême désir qui les pousse,
Avalle contre-bas leur front,
Tousjours sondant ce vieil repaire,
Jusques aux portes du chasteau
De l'Océan, qui dessous l'eau
Donnoit un festin à leur père.

¹ Donc, alors. — ² Despendues. — ³ Tourbillons. — Fit descendre.

ÉPODE.

De ce Palais éternel
Brave[1] en colonnes hautaines,
Sourdoit de mille fontaines
Le vif surgeon[2] pérennel.
Là pendoit, sous le portail
Lambrissé d'un verd émail,
Sa charrette vagabonde,
Qui le roule d'un grand tour
Soit de nuict ou soit de jour,
Deux fois tout au rond du Monde[3].

STROPHE V.

Là sont par la Nature encloses
Au fond de cent mille vaisseaux
Les semences de toutes choses,
Eternelles filles des eaux.
Là les Tritons, chassant les fleuves,
Sous la terre les escouloient
Aux canaux de leurs rives neuves,
Puis derechef les rappeloient.
Là ceste troupe est arrivée
Dessur le poinct qu'on desservoit,
Et que desjà Portonne[4] avoit
La première nappe levée.

---

[1] Paré, orné. — [2] Source; *surgere*. — [3] Le flux et le reflux de l'Océan. — [4] Divinité marine.

ANTISTROPHE.

Phébus, du milieu de la table,
Pour réjouïr le front des Dieux,
Marioit sa voix délectable
A son archet mélodieux :
Quand l'œil du Père, qui prend garde
Sus un chacun, se costoyant
A l'escart des autres, regarde
Ce petit troupeau flamboyant,
De qui l'honneur, le port, la grâce,
Qu'empreint sur le front il portoit,
Publioit assez qu'il sortoit
De l'heureux tige de sa race.

ÉPODE.

Luy, qui debout se dressa
Et de plus près les œillade[1],
Les serrant d'une accolade
Mille fois les caressa,
Tout esgayé de voir peint
Dedans les traits de leur teint
Le naïf des grâces siennes :
Puis pour son hoste éjouïr,
Les chansons voulut ouïr
De ces neuf Musiciennes[2].

. . . .

---

[1] Regarde. — [2] Nous omettrons le chant des Muses, leur descente et leur premier séjour sur la terre, pour en venir de suite au moment où, réfugiées auprès de Jupiter, elles sont ramenées ici-bas par l'Hospital.

STROPHE XIX.

Auprès du thrône de leur père
Tout à l'entour se vont asseoir,
Chantant avec Phébus, leur frère,
Du grand Jupiter le pouvoir.
Les Dieux ne faisoient rien sans elles,
Ou soit qu'ils voulussent aller
A quelques nopces solennelles,
Ou soit qu'ils voulussent baller.
Mais si tost qu'arriva le terme
Qui les hastoit de retourner
Au Monde, pour y séjourner
D'un pas éternellement ferme :

ANTISTROPHE.

Adonc Jupiter se dévale
De son thrône, et grave conduit
Gravement ses pas en la salle
Des Parques filles de la Nuit.
Leur roquet[1] pendoit jusqu'aux hanches,
Et un Dodonien fueillard[2]
Faisoit ombrage aux tresses blanches
De leur chef[3] tristement vieillard :
Elles ceintes sous les mammelles,
Filoient, assises en un rond
Sur trois carreaux, ayant le front
Renfrongné de grosses prunelles.

---

[1] Petit manteau. — [2] Feuillage de chêne de Dodone. — [3] Tête.

ÉPODE.

Leur pezon¹ se hérissoit
D'un fer estoillé de rouille ;
Au flanc pendoit leur quenouille,
Qui d'airain se roidissoit.
Au milieu d'elles estoit
Un coffre où le Temps mettoit
Les fuzeaux de leurs journées,
De courts, de grands, d'allongez,
De gros, et de bien dougez²,
Comme il plaist aux Destinées.

STROPHE XX.

Ces trois Sœurs à l'œuvre ententives³
Marmotoient un charme fatal,
Tortillans les filaces vives
Du corps futur de L'HOSPITAL :
Clothon, qui le filet replie,
Ces deux vers mascha par neuf fois :
JE RETORS LA PLUS BELLE VIE
QU'ONCQUES RETORDIRENT MES DOIS.
Mais si tost qu'elle fut tirée
A l'entour du fuzeau humain,
Le Destin la mit en la main
Du fils de Saturne et de Rhée.

---

1 Bout de fuseau. — ² Fins, déliés. — ³ Attentives.

ANTISTROPHE.

Luy, tout-puissant, print une masse
De terre, et devant tous les Dieux
Imprima dedans une face,
Un corps, deux jambes et deux yeux,
Deux bras, deux flancs, une poitrine,
Et, achevant de l'imprimer,
Soufla de sa bouche divine
Un vif esprit pour l'animer :
Lui donnant encor' davantage
Cent mille vertus, appela
Les neuf Filles qui çà et là
Entournoient la nouvelle image.

ÉPODE.

Ore vous ne craindrez pas,
Seures sous telle conduite,
Prendre derechef la fuite
Pour re-descendre là bas.
Suivez donc ce guide ici :
C'est celuy, Filles, aussi,
De qui la docte assurance
Franches de peur vous fera,
Et celuy qui desfera
Les soldars de l'Ignorance [1].

. . . .

---

[1] Nous bornerons ici nos extraits de cette ode interminable, qui est un véritable poëme.

-o II o-

AU SIEUR BERTRAND.

La mercerie que je porte,
BERTRAND, est bien d'une autre sorte
Que celle que l'usurier vend
Dedans ses boutiques avares,
Ou celle des Indes Barbares
Qui enflent l'orgueil du Levant.

Ma douce navire immortelle
Ne se charge de drogue telle ;
Et telle, de moy tu n'attens ;
Ou si tu l'attens, tu t'abuses :
Je suis le trafiqueur des Muses,
Et de leurs biens maistres du Temps.

Leur marchandise ne s'estalle
Au plus offrant dans une halle,
Leur bien en vente n'est point mis,
Et pour l'or il ne s'abandonne :
Sans plus, libéral, je le donne
A qui me plaist de mes amis.

Reçoy donque ceste largesse,
Et croy que c'est une richesse
Qui par le temps ne s'use pas ;
Mais contre le temps elle dure,
Et de siècle en siècle plus dure,
Ne donne point aux vers d'appas.

L'audacieuse encre d'Alcée [1]
Par les ans n'est point effacée,
Et vivent encores les sons
Que l'Amante bailloit en garde
A sa tortue babillarde,
La compagne de ses chansons.

Mon grand Pindare vit encore,
Et Simonide, et Stésichore,
Sinon en vers, au moins par nom :
Et des chansons qu'a voulu dire
Anacréon dessur la Lyre,
Le temps n'efface le renom.

N'as-tu oüy parler d'Énée,
D'Achil, d'Ajax, d'Idoménée?
A moy semblables artisans
Ont immortalizé leur gloire,
Et fait allonger la mémoire
De leur nom jusques à nos ans.

Hélène Grecque, estant gaignée [2]
D'une perruque bien peignée,
D'un magnifique accoustrement,
Ou d'un roy traînant grande suite,
N'a pas eu la poitrine cuite
Seule d'amour premièrement.

Hector le premier des gendarmes
N'a sué sous le faix des armes,
Fendant les escadrons espais :

---

[1] Tout ce qui suit est imité et presque traduit d'Horace. *Od.*, lib. IV, 9. — [2] Séduite.

Non une fois Troye fut prise :
Maint prince a fait mainte entreprise
Devant le camp des deux Roys Grecs.

Mais leur proüesse n'est cogneuë
Et une oblivieuse [1] nuë
Les tient sous un silence estraints :
Engloutie est leur vertu haute
Sans renom, pour avoir eu faute
Du secours des Poëtes saincts.

Mais la mort ne vient impunie,
Si elle atteint l'âme garnie
Du vers que la Muse a chanté,
Qui pleurant du deuil se tourmente
Quand l'homme aux Enfers se lamente
Dequoy son nom n'est point vanté.

Le tien le sera, car ma plume
Aime volontiers la coustume
De loüer les bons comme toy,
Qui prévois l'un et l'autre terme
Des deux Saisons, constant et ferme
Contre le temps qui va sans foy :

Plein de vertu, pur de tout vice,
Non bruslant après l'avarice,
Qui tout attire dans son poin,
Chenu [2] de meurs, jeune de force,
Amy d'espreuve, qui s'efforce
Secourir les siens au besoin.

---

[1] Qui fait perdre le souvenir ; *obliviosus*. — [2] Vieux.

Celuy [1] qui sur la teste sienne
Voit l'espée Sicilienne,
Des douces tables l'appareil
N'irrite sa faim, ny la noise
Du Rossignol qui se desgoise,
Ne lui rameine le sommeil :

Mais bien celuy qui se contente
Comme toy : la mer il ne tente,
Et pour rien tremblant n'a esté,
Soit que le bled fausse promesse,
Ou que la vendange se laisse
Griller aux flames de l'Esté.

De celuy, le bruit du tonnerre
Ny les nouvelles de la guerre
N'ont fait chanceler la vertu :
Non pas d'un Roy la fière face,
Ny des Pirates la menace
Ne luy ont le cœur abatu.

Taisez-vous, ma Lyre mignarde,
Taisez-vous, ma Lyre jazarde,
Un si haut chant n'est pas pour vous :
Retournez loüer ma CASSANDRE,
Et dessur vostre Lyre tendre
Chantez-la d'un fredon plus dous.

[1] Damoclès.

III

A CASSANDRE.

Mignonne, allons voir si la Rose,
Qui ce matin avoit desclose [1]
Sa robe de pourpre au Soleil,
A point perdu ceste vesprée [2]
Les plis de sa robe pourprée,
Et son teint au vostre pareil.

Las ! voyez comme en un peu d'espace,
Mignonne, elle a dessus la place
Las, las, ses beautez laissé cheoir !
O vrayment marastre Nature,
Puis qu'une telle fleur ne dure
Que du matin jusques au soir !

Donc, si vous me croyez, Mignonne,
Tandis que vostre âge fleuronne
En sa plus verte nouveauté,
Cueillez, cueillez vostre jeunesse :
Comme à ceste fleur, la vieillesse
Fera ternir vostre beauté.

IV

A SA LYRE.

Lyre dorée où Phébus seulement
Et les neuf Sœurs ont part également,

---

[1] Rouverte. — [2] Soir ; *vesper*.

Le seul confort¹ qui mes tristesses tuë,
Que la danse oit², et toute s'évertuë
De t'obéyr et mesurer ses pas
Sous tes fredons accordez par compas³,
Lorsqu'en sonnant tu marques la cadance
De l'avant-jeu⁴ le guide de la danse.

Le traict flambant de Jupiter s'esteint
Sous ta chanson, si ta chanson l'atteint ;
Et au caquet de tes cordes bien jointes,
Son Aigle dort sur la foudre à trois pointes,
Abaissant l'aile : adonc tu vas charmant
Ses yeux aigus, et luy, en les fermant,
Son dos hérisse et ses plumes repousse,
Flatté du son de ta corde si douce.

Celuy ne vit le cher mignon des Dieux,
A qui desplaist ton chant mélodieux,
Heureuse Lyre, honneur de mon enfance :
Je te sonnay devant tous en la France
De peu à peu : car quand premièrement
Je te trouvay, tu sonnois durement ;
Tu n'avois fust⁵ ny cordes qui valussent,
Ne qui respondre aux loix de mon doigt peussent.

Moisi du temps, ton bois ne sonnoit point ;
Lors j'eu pitié de te voir mal en point⁶,
Toy qui jadis des grands Roys les viandes
Faisois trouver plus douces et friandes.

Pour te monter de cordes et d'un fust,

---

¹ Consolation. — ² Entend. — ³ Mesure. — ⁴ Prélude, ritournelle. — ⁵ Bois de la lyre ; *fustis*. — ⁶ En mauvais état.

Voire d'un son qui naturel te fust,
Je pillay Thèbe, et saccageay la Poüille[1],
T'enrichissant de leur belle despoüille.
Lors par la France avec toy je chantay,
Et jeune d'ans, sur le Loir inventay
De marier aux cordes les victoires,
Et des grands Roys les honneurs et leurs gloires.

Jamais celuy que les belles chansons
Paissent, ravy de l'accord de tes sons,
Ne se doit voir en estime, pour estre
Ou à l'escrime ou à la luitte adestre[2];
Ny marinier fortuneux ne sera,
Ny grand guerrier jamais n'abaissera
Par le harnois l'ambition des princes,
Portant vainqueur la foudre en leurs provinces.

Mais ma Gastine, et le haut crin des bois
Qui vont bornant mon fleuve Vendomois,
Le Dieu bouquin[3] qui la Neufaune[4] entourne,
Et le saint chœur qui en Braye séjourne,
Le feront tel, que, par tout l'Univers,
Se cognoistra renommé par ses vers,
Tant il aura de grâces en son pouce,
Et de fredons, fils de sa Lyre douce.

Déjà, mon Luth, ton loyer tu reçois,
Et jà déjà la race des François
Me veut nombrer entre ceux qu'elle louë,
Et pour son chantre heureusement m'avouë.

[1] C'est-à-dire, je pillai Pindare, poëte de Thèbes, et Horace, poëte de la Pouille. — [2] Adroit; *dexter*. — [3] Faune, ayant des pieds et des cornes de bouc. — [4] Ce lieu-là et le suivant étaient des dépendances de sa demeure.

O Calliope, ô Clothon, ô les Sœurs,
Qui de ma Muse animez les douceurs,
Je vous saluë, et resaluë encore,
Par qui mon Prince et mon pays j'honore !

Par toy je plais, et par toy je suis leu :
C'est toy qui fais que RONSARD soit esleu
Harpeur François, et quand on le rencontre,
Qu'avec le doigt par la ruë on le monstre.
Si je plais donc, si je sçay contenter,
Si mon renom la France veut chanter,
Si, de mon front, les Estoiles je passe,
Certes, mon Luth, cela vient de ta grâce.

-o V o-

A SA MAITRESSE.

La lune est coustumière
De naistre tous les mois :
Mais quand nostre lumière
Est esteinte une fois,
Sans nos yeux réveiller,
Faut long temps sommeiller.

Tandis que vivons ores,
Un baiser donnez-moy,
Donnez-m'en mille encores,
Amour n'a point de loy :
A sa divinité
Convient l'infinité.

En vous baisant, Maistresse,

Vous m'avez entamé
La langue chanteresse
De vostre nom aimé.
Quoy ! est-ce là le prix
Du travail qu'elle a pris ?

Elle, par qui vous estes
Déesse entre les Dieux,
Qui vos beautez parfaites
Célébroit jusqu'aux Cieux,
Ne faisant l'air, sinon
Bruire de vostre nom ?

De vostre belle face,
Le beau logis d'Amour,
Où Vénus et la Grâce
Ont choisi leur séjour,
Et de vostre œil qui fait
Le soleil moins parfait ;

De vostre sein d'yvoire
Par deux ondes secous [1]
Elle chantoit la gloire,
Ne chantant rien que vous :
Maintenant en saignant,
De vous se va plaignant.

Las ! de petite chose
Je me plains sans raison,
Non de la playe enclose
Au cœur sans guarison,

[1] Secoué.

Que l'Archerocux
M'y tira de vos yeux.

VI [1]

A LA MÊME.

Ma Dame ne donne pas
Des baisers, mais des appas
Qui seuls nourrissent mon âme,
Les biens dont les Dieux sont sous,
Du Nectar, du sucre dous,
De la cannelle et du bâme,

Du thym, du lis, de la rose,
Entre les lèvres esclose
Fleurante en toutes saisons,
Et du miel tel qu'en Hymette
La desrobe-fleur avette
Remplit ses douces maisons.

O dieux, que j'ay de plaisir
Quand je sens mon col saisir
De ses bras en mainte sorte !
Sur moy se laissant courber,
D'yeux clos je la voy tomber
Sur mon sein à demi-morte.

Puis mettant la bouche sienne
Tout à plat dessus la mienne,
Me mord et je la remors ;

---

[1] Imité de Jean Second ; *Basia* 4.

Je luy darde, elle me darde
Sa languette fretillarde,
Puis en ses bras je m'endors.

D'un baiser mignard et long
Me ressuce l'âme adonc,
Puis en souflant la repousse,
La ressuce encore un coup,
La ressoufle tout à coup
Avec son haleine douce.

Tout ainsi les colombelles
Trémoussant un peu des ailes
Havement[1] se vont baisant,
Après que l'oiseuse glace
A quitté la froide place
Au Printemps doux et plaisant.

Hélas! mais tempère un peu
Les biens dont je suis repeu,
Tempère un peu ma liesse[2] :
Tu me ferois immortel.
Hé! je ne veux estre tel
Si tu n'es aussi Déesse.

VII

A UNE JEUNE FILLE.

Ma petite Nymphe Macée,
Plus blanche qu'yvoire taillé,

---

[1] Avidement, coup sur coup. — [2] Joie; lœtitia.

Plus blanche que neige amassée.
Plus blanche que le laict caillé,
Ton beau tein ressemble les liz
Avecque les roses cueillis.

Descœuvre-moy ton beau chef-d'œuvre,
Tes cheveux où le Ciel, donneur
Des grâces, richement descœuvre
Tous ses biens pour leur faire honneur;
Descœuvre ton beau front aussi,
Heureux object de mon souci.

Comme une Diane tu marches,
Ton front est beau, tes yeux sont beaux,
Qui flambent sous deux noires arches,
Comme deux célestes flambeaux,
D'où le brandon fut allumé,
Qui tout le cœur m'a consumé.

Ce fut ton œil, douce mignonne,
Que d'un fol regard escarté
Les miens encores emprisonne,
Peu soucieux de liberté,
Tous deux au retour du Printemps,
Et sur l'Avril de nos beaux ans.

Te voyant jeune, simple et belle,
Tu me suces l'âme et le sang;
Monstre-moy ta rose nouvelle,
Je dy ton sein d'yvoire blanc,
Et tes deux rondelets tétons,
Que s'enflent comme deux boutons.

Las! puisque ta beauté première

Ne me daigne faire merci,
Et me privant de ta lumière,
Prend son plaisir de mon souci,
Au moins regarde sur mon front
Les maux que tes beaux yeux me font.

VIII

A LA FONTAINE BELLERIE [1].

O fontaine Bellerie,
Belle fontaine chérie
De nos Nymphes, quand ton eau
Les cache au creux de ta source
Fuyantes le Satyreau,
Qui les pourchasse à la course
Jusqu'au bord de ton ruisseau.

Tu es la Nymphe éternelle
De ma terre paternelle :
Pour ce, en ce pré verdelet
Voy ton Poëte qui t'orne
D'un petit chevreau de lait,
A qui l'une et l'autre corne
Sortent du front nouvelet.

L'Esté, je dors ou repose
Sus ton herbe, où je compose,
Caché sous tes saules vers,
Je ne sçay quoi, qui ta gloire
Envoira par l'Univers,

---

[1] Imité d'Horace, liv. III : *O fons Blandusiæ.*

Commandant à la Mémoire
Que tu vives par mes vers.

L'ardeur de la Canicule
Ton verd rivage ne brûle,
Tellement qu'en toutes pars
Ton ombre est espaisse et druë
Aux pasteurs venans des parcs,
Aux bœufs las de la charruë,
Et au bestial espars.

Iô! tu seras sans cesse
Des fontaines la princesse,
Moy célébrant le conduit
Du rocher percé, qui darde,
Avec un enroüé bruit,
L'eau de ta source jazarde
Qui trépidante [1] se suit.

-o IX o-

A SON PAGE [2]

Fay rafraischir mon vin, de sorte
Qu'il passe en froideur un glaçon ;
Fay venir Jeanne, qu'elle apporte
Son Luth pour dire une chanson ;
Nous ballerons tous trois au son ;
Et dy à Barbe qu'elle vienne,
Les cheveux tors à la façon
D'une folâtre Italienne.

[1] Précipitée; *trepidus*. — [2] Imité d'Horace, *Od.* liv. II, 2.

Ne vois-tu que le jour se passe?
Je ne vy point au lendemain :
Page, reverse dans ma tasse,
Que ce grand verre soit tout plein :
Maudit soit qui languit en vain !
Ces vieux Médecins je n'appreuve ;
Mon cerveau n'est jamais bien sain
Si beaucoup de vin ne l'abreuve.

-o X o-

A LA FORÊT DE GASTINE.

Couché sous tes ombrages vers,
    Gastine, je te chante,
Autant que les Grecs par leurs vers
    La forest d'Erymanthe.
Car, malin, céler je ne puis
    A la race future,
De combien obligé je suis
    A ta belle verdure :
Toy qui sous l'abry de tes bois
    Ravy d'esprit m'amuses ;
Toy qui fais qu'à toutes les fois
    Me respondent les Muses ;
Toy par qui de l'importun soin
    Tout franc je me délivre,
Lorsqu'en toy je me pers bien loin,
    Parlant avec un livre.
Tes boccages soient tousjours pleins
    D'amoureuses brigades
De Satyres et de Sylvains,
    La crainte des Naiades !
En toy habite désormais

Des Muses le collége[1],
Et ton bois ne sente jamais
La flame sacrilége !

XI

A CASSANDRE.

Ma petite colombelle,
Ma mignonne toute belle,
Mon petit œil, baisez-moy ;
D'une bouche toute pleine
De musq, chassez-moy la peine
De mon amoureux esmoy.

Quand je vous diray, Mignonne[2],
Approchez-vous, qu'on me donne
Neuf baisers tout à la fois,
Donnez-m'en seulement trois,

Tels que Diane guerrière
Les donne à Phébus son frère,
Et l'Aurore à son vieillard :
Puis reculez vostre bouche,
Et bien loin toute farouche
Fuyez d'un pied fretillard.

Comme un taureau par la prée
Court après son amourée[3],

[1] La troupe, la compagnie ; *collegium*. — [2] Imité du 9e *Baiser* de Jean Second. — [3] Amante, le génisse qu'il aime.

Ainsi tout chaud de courroux
Je courray fol après vous ;

Et prise d'une main forte
Vous tiendray, de telle sorte
Qu'un Aigle un Cygne tremblant.
Lors faisant de la modeste,
De me redonner le reste
Des baisers, ferez semblant.

Mais en vain serez pendante
Toute à mon col, attendante
(Tenant un peu l'œil baissé)
Pardon de m'avoir laissé.

Car en lieu de six adonques
J'en demanderay plus qu'onques
Tout le ciel d'estoiles n'eut ;
Plus que d'arène poussée
Aux bords, quand l'eau courroussée
Contre les rives s'esmeut.

XII[1]

Pour boire dessus l'herbe tendre
Je veux sous un laurier m'estendre,
Et veux qu'Amour, d'un petit brin
Ou de lin ou de chenevière
Trousse au flanc sa robe légère,
Et, my-nud, me verse du vin.

[1] Imité d'Anacréon.

L'incertaine vie de l'homme
De jour en jour se roule comme
Aux rives se roulent les flots :
Puis après notre heure dernière
Rien de nous ne reste en la bière
Qu'une vieille carcasse-d'os.

Je ne veux, selon la coustume,
Que d'encens ma tombe on parfume,
Ny qu'on y verse des odeurs;
Mais tandis que je suis en vie,
J'ay de me parfumer envie,
Et de me couronner de fleurs,

De moy-mesme je me veux faire
L'héritier pour me satisfaire;
Je ne veux vivre pour autruy.
Fol le Pélican qui se blesse
Pour les siens, et fol qui se laisse
Pour les siens travailler d'ennuy.

XIII

A SON LAQUAIS.

J'ay l'esprit tout ennuyé
D'avoir trop estudié
Les Phénomènes d'Arate [1] :
Il est temps que je m'esbate,

---

[1] Aratus, poëte grec, auteur d'un livre sur les phénomènes célestes, traduit par Remi Belleau.

Et que j'aille aux champs jouër.
Bons Dieux! qui voudroit louër
Ceux qui collez sur un livre
N'ont jamais soucy de vivre?

Que nous sert l'estudier,
Sinon de nous ennuyer,
Et soing dessus soin accrestre [1],
A nous qui serons peut-estre,
Ou ce matin, ou ce soir
Victime de l'Orque [2] noir?
De l'Orque qui ne pardonne,
Tant il est fier, à personne?

Corydon, marche devant,
Sçache où le bon vin se vend;
Fay refreschir ma bouteille.
Cherche une fueilleuse treille
Et des fleurs pour me coucher;
Ne m'achète point de chair,
Car tant soit-elle friande,
L'esté je hay la viande.

Achète des abricôs,
Des pompons [3], des artichôs,
Des fraises, et de la crême :
C'est en Esté ce que j'aime,
Quand sur le bord d'un ruisseau
Je la mange au bruit de l'eau,
Estendu sur le rivage,
Ou dans un Antre sauvage.

---

[1] Pour *accroître*. — [2] L'enfer; *Orcus*. — [3] Petits melons blancs, pastèques.

Ores que je suis dispos
Je veux rire sans repos,
De peur que là maladie
Un de ces jours ne me die :
« Je t'ay maintenant veincu,
Meurs, galland, c'est trop vescu ! »

XIV[1]

AU SIEUR ROBERTET.

Du malheur de recevoir
Un estranger sans avoir
De luy quelque cognoissance,
Tu as fait expériance,
Ménélas, ayant receu
Pâris dont tu fus déceu;
Et moy je la viens de faire,
Qui ore ay voulu retraire [2]
Sottement un estranger
Dans ma chambre et le loger.

Il estoit minuict et l'Ourse
De son char tournoit la course
Entre les mains du Bouvier,
Quand le Somme vint lier
D'une chaîne sommeillère
Mes yeux clos sous la paupière.

Jà je dormois en mon lit,
Lors que j'entr'ouy le bruit

---

[1] C'est l'*Amour mouillé* d'Anacréon, imité aussi par La Fontaine.
— [2] Retirer; *retrahere*.

D'un qui frapoit à ma porte,
Et heurtoit de telle sorte
Que mon dormir s'en alla ;
Je demanday : « Qu'est-ce là
Qui fait à mon huis sa plainte? »
— Je suis enfant, n'aye crainte, »
Ce me dit-il : et adonc
Je luy desserre le gond
De ma porte verrouillée.

« J'ay la chemise moüillée,
Qui me trempe jusqu'aux oz,
Ce disoit ; dessus le doz
Toute nuict j'ay eu la pluie ;
Et pour ce, je te supplie
De me conduire à ton feu
Pour m'aller seicher un peu. »

Lors je prins sa main humide,
Et plein de pitié, le guide
En ma chambre et le fis seoir
Au feu qui restoit du soir ;
Puis allumant des chandelles,
Je vy qu'il portoit des ailes,
Dans la main un arc Turquois,
Et sous l'aisselle un carquois.

Adonc en mon cœur je pense
Qu'il avoit quelque puissance,
Et qu'il falloit m'apprester
Pour le faire banqueter.

Ce-pendant il me regarde
D'un œil, de l'autre il prend garde

Si son arc estoit séché ;
Puis me voyant empesché
A luy faire bonne chère,
Me tire une flèche amère
Droict en l'œil : le coup de là
Plus bas au cœur dévala,
Et m'y fit telle ouverture,
Qu'herbe, drogue ny murmure
N'y serviroient plus de rien.

Voilà, Robertet, le bien,
(Mon Robertet qui embrasses
Les neuf Muses et les Grâces)
Le bien qui m'est advenu
Pour loger un inconnu.

XV[1]

Si j'aime depuis naguière
Une belle chambrière,
Hé! qui m'oseroit blasmer
De si bassement aimer?

Non l'amour n'est point vilaine,
Que maint brave Capitaine,
Maint Philosophe et maint Roy
A trouvé digne de soy.

Hercule, dont l'honneur vole
Au ciel, aima bien Iole,

[1] Imité de l'ode d'Horace à Xanthias Procceus.

Qui prisonnière doutoit
Celuy qui son maistre estoit.

Achille, l'effroy de Troye,
De Briseïs fut la proye,
Dont si bien il s'échaufa
Que serve elle en trionfa.

Ajax eut pour sa Maistresse
Sa prisonnière Tecmésse,
Bien qu'il secouast au bras
Un bouclier à sept rebras[1].

Agamemnon se vit prendre
De sa captive Cassandre,
Qui sentit plus d'aise au cœur
D'estre veincu que veinqueur.

Le petit Amour veut estre
Tousjours des plus grands le maistre,
Et jamais il n'a esté
Compagnon de Majesté.

A quoy diroi-je l'histoire
De Jupiter, qui fait gloire
De se vestir d'un oyseau,
D'un Satyre et d'un Taureau,

Pour abuser nos femelles?
Et bien que les Immortelles
Soient à son commandement,
Il veut aimer bassement.

[1] C'est-à-dire, couvert de sept peaux repliées.

L'amour des riches Princesses
Est un masque de tristesses :
Qui veut avoir ses esbas,
Il faut aimer en lieu bas.

Quant à moy je laisse dire
Ceux qui sont prompts à mesdire
Je ne veux laisser pour eux
En bas lieu d'estre amoureux.

○ XVI[1] ○

A JOACHIM DU BELLAY.

Escoute, DU BELLAY, ou les Muses ont peur
De l'enfant de Vénus, ou l'aiment de bon cœur,
Et tousjours pas à pas accompagnent sa trace :
Car celui qui ne veut les Amours desdaigner,
Toutes à qui mieux mieux le viennent enseigner,
Et sa bouche mielleuse emplissent de leur grâce.

Mais au brave qui met les Amours à desdain,
Toutes le desdaignant, l'abandonnent soudain,
Et plus ne luy font part de leur gentille veine :
Ains Clion luy défend de ne se plus trouver
En leur danse, et jamais ne venir abreuver
Sa bouche non amante en leur belle fontaine.

Certes j'en suis tesmoin : car quand je veux louer
Quelque homme ou quelque Dieu, soudain je sens noüer
La langue à mon palais, et ma gorge se bouche :

[1] Imité de Bion.

Mais quand je veux d'Amour ou escrire ou parler,
Ma langue se desnoue, et lors je sens couler
Ma chanson d'elle-mesme aisément en la bouche.

XVII

A LA FONTAINE BELLERIE.

Escoute-moy, Fontaine vive,
En qui j'ai rebeu si souvent
Couché tout plat dessus ta rive,
Oisif, à la fraischeur du vent,

Quand l'Esté mesnager moissonne
Le sein de Cérès dévestu,
Et l'aire par compas ressonne,
Gémissant sous le blé battu.

Ainsi tousjours puisses-tu estre
En religion à tous ceux
Qui te boiront, ou feront paistre
Tes verds rivages à leurs bœufs !

Ainsi tousjours la Lune claire
Voye, à mi-nuict, au fond d'un val,
Les Nymphes près de ton repaire
A mille bonds mener le bal ;

Comme je désire, Fontaine,
De plus ne songer boire en toy,
L'Esté, lors que la fièvre ameine
La Mort despite [1] contre moy.

[1] Dépitée, courroucée.

XVIII

A MES DAMES,

FILLES DU ROY HENRI II [1].

Ma nourrice Calliope,
Qui du Luth Musicien,
Dessus la jumelle crope [2]
D'Hélicon, guides la trope
Du sainct Chœur Parnassien ;

Et vous ses Sœurs, qui recreuës [3]
D'avoir trop mené le bal,
Toute nuict, vous baignez nuës
Dessous les rives herbues
De la Fontaine au Cheval [4] ;

Puis tressans dans quelque prée
Vos cheveux délicieux,
Chantez d'une voix sacrée
Une chanson qui récrée
Et les hommes et les Dieux ;

Laissez vos antres sauvages
(Doux séjour de vos esbas)
Vos forests, et vos rivages,
Vos rochers et vos bocages,
Et venez suivre mes pas.

---

[1] Élisabeth de France, mariée depuis à Philippe II, roi d'Espagne ; Claude, au duc de Lorraine, et Marguerite de Valois, à Henri IV. — [2] La double croupe. — [3] Fatiguées. — [4] L'Hippocrène que Pégase fit jaillir d'un coup de pied.

ODES.

Vous sçavez, Pucelles chères,
Que libre onques je n'appris
De vous faire mercenaires,
Ny chétives prisonnières,
Vous vendant pour quelque pris ;

Mais sans estre marchandées,
Vous savez que librement
Je vous ay toujours guidées
Aux maisons recommandées
Pour leurs vertus seulement ;

Comme ores, Nymphes très-belles,
Je vous meine avecques moy
En ces maisons immortelles,
Pour célébrer trois Pucelles
Comme vous filles de Roy ;

Qui dessous leur Mère croissent
Ainsi que trois arbrisseaux,
Et jà grandes apparoissent
Comme trois beaux Lis qui naissent
A la fraischeur des ruisseaux,

Quand quelque future espouse,
Aimant leur chef nouvelet,
Soir et matin les arrouse,
Et à ses nopces propouse
De s'en faire un chapelet[1].

Mais de quel vers plein de grâce
Vous iray-je décorant ?

[1] Guirlande, couronne.

Chanteray-je vostre race,
Ou l'honneur de vostre face
D'un teint brun se colorant ?

Divin est vostre lignage,
Et le brun que vous voyez
Rougir en vostre visage,
En rien ne vous endommage
Que trois Grâces ne soyez.

Les Charites [1] sont brunettes,
Bruns les Muses ont les yeux,
Toutefois belles et nettes
Reluisent comme planètes
Parmy la troupe des Dieux.

Mais que sert d'estre les filles
D'un grand Roy, si vous tenez
Les Muses comme inutiles,
Et leurs sciences gentiles
Dès le berceau n'apprenez ?

Ne craignez, pour mieux revivre,
D'assembler d'égal compas
Les aiguilles et le livre,
Et de doublement ensuivre
Les deux mestiers de Pallas.

Peu de temps la beauté dure,
Et le sang qui des Roys sort,
Si de l'esprit on n'a cure,
Autant vaut quelque peinture

---

[1] Les Grâces, en grec.

Qui n'est vive qu'en son mort.

Ces richesses orgueilleuses,
Ces gros diamants luisants,
Ces robes voluptueuses,
Ces dorures somptueuses
Périront avec les ans.

Mais le sçavoir de la Muse
Plus que la richesse est fort :
Car jamais rouillé ne s'use,
Et maugré les ans, refuse
De donner place à la Mort.

Si tost que serez apprises
A la danse des neuf Sœurs,
Et que vous aurez comprises
Les doctrines plus exquises
A former vos jeunes mœurs ;

Tout aussi tost la Déesse
Qui trompette les renoms,
De sa bouche parleresse
Partout espandra sans cesse
Les louanges de vos noms.

Lors s'un[1] Roy, pour sa défense,
A vos frères[2] repoussez
De sa terre avec sa lance,
Refroidissant la vaillance
De ses peuples courroucez,

---

[1] Si un. — [2] Trois d'entre eux régnèrent, François II, Charles IX et Henri III ; François, duc d'Alençon, mourut pendant le règne de son frère Henri.

Au bruit de la renommée,
Espris de vostre sçavoir,
Aura son âme enflammée,
Et en quittant son armée,
Pour mary vous viendra voir.

Voylà comment en deux sortes
Tous Roys seront combattus,
Soit qu'ils sentent les mains fortes
De nos Françoises cohortes,
Soit qu'ils aiment vos vertus.

Là donq, PRINCESSES divines,
Race ancienne des Dieux,
Ne souffrez que vos poitrines
Des vertus soient orfelines :
C'est le vray chemin des Cieux.

Par tel chemin Polyxène
D'un beau renom a jouy :
Par tel mestier la Romaine[1],
De chasteté toute pleine,
Vit encores aujourd'huy,

Qui de sa trenchante espée
Sa vie aux ombres jetta,
Et par soi-mesme frappée,
Ayant la honte trompée,
Un beau renom s'acheta.

---

[1] Lucrèce.

XIX[1]

Jeune beauté, mais trop outrecuidée [2]
    Des présens de Vénus,
Quand tu voirras ta peau toute ridée
    Et tes cheveux chenus,
Contre le temps et contre toy rebelle,
    Diras en te tançant :
« Que ne pensois-je alors que j'estois belle
    Ce que je vay pensant ?
Ou bien pourquoy à mon désir pareille
    Ne suis-je maintenant ? »
La beauté semble à la rose merveille
    Qui meurt incontinent.
Voilà les vers tragiques, et la plainte
    Qu'au Ciel tu envoyras,
Tout aussi tost que ta face dépainte
    Par le temps tu voirras.
Tu sçais combien ardamment je t'adore,
    Indocile à pitié,
Et tu me fuis et tu ne veux encore
    Te joindre à ta moitié.
O de Paphos et de Cypre Régente,
    Déesse aux noirs sourcis,
Plutost encor que le temps sois vengeante
    Mes desdaignez soucis !
Et du brandon dont les cœurs tu enflames
    Des jumens tout autour,
Brusle-la moy, afin que de ses flames
    Je me rie à mon tour.

---

[1] Imité de deux odes d'Horace, liv. III et IV. — [2] Fière, orgueilleuse.

A CHARLES DE PISSELEU.

D'où vient cela (PISSELEU), que les hommes
De leur nature aiment le changement,
Et qu'on ne void en ce Monde où nous sommes
Un seul qui n'ait un divers [1] jugement?

L'un esloigné des foudres de la guerre,
Veut par les champs son âge consumer
A bien poitrir les mottes de sa terre,
Pour de Cérès les présents y semer :

L'autre au contraire, ardant, aime les armes,
Si qu'en sa peau ne sçauroit séjourner
Sans bravement attaquer les allarmes,
Et tout sanglant au logis retourner.

Qui le Palais, de langue mise en vente,
Fait esclater devant un Président,
Et qui piqué d'avarice suivante,
Franchit la mer de l'Inde à l'Occident.

L'un de l'amour adore l'inconstance,
L'autre, plus sain, ne met l'esprit, sinon
Au bien public, aux choses d'importance,
Cherchant par peine un perdurable nom.

L'un suit la cour et les faveurs ensemble,
Si que [2] sa teste au Ciel semble toucher :

---

[1] Contraire, opposé; *diversus*. — [2] Si bien que.

L'autre les fuit et est mort, ce luy semble,
S'il void le Roy, de son toict, approcher.

Le pèlerin à l'ombre se délasse,
Ou d'un sommeil le travail adoucit,
Ou réveillé, avec la pleine tasse,
Des jours d'esté la longueur accourcit.

Qui devant l'Aube accourt triste à la porte
Du Conseiller, et là faisant maint tour
Le sac au poing, attend que monsieur sorte
Pour luy donner humblement le bon-jour.

Icy cestuy, de la sage Nature,
Les faits divers remasche en y pensant,
Et cestuy-là, par la linéature
Des mains [1], prédit le malheur menaçant.

L'un allumant ses vains fourneaux, se fonde
Dessus la pierre incertaine [2], et combien
Que l'invoqué Mercure ne responde,
Soufle en deux mois le meilleur de son bien.

L'un grave en bronze, et dans le marbre à force
Veut le naïf de Nature imiter :
Des corps errans l'Astrologue s'efforce
Oser par art le chemin limiter.

Mais tels estats, les piliers de la vie,
Ne m'ont point pleu, et me suis tellement
Esloigné d'eux, que je n'eus onc envie
D'abaisser l'œil pour les voir seulement.

[1] La chiromancie, divination par les lignes de la main. — [2] La pierre philosophale.

L'honneur, sans plus, du verd Laurier m'agréé,
Par luy je hay le vulgaire odieux :
Voilà pourquoy Euterpe la sacrée
M'a de mortel fait compagnon des Dieux.

La belle m'aime et par ses bois m'amuse,
Me tient, m'embrasse, et quand je veux sonner [1],
De m'accorder ses flûtes ne refuse,
Ne de m'apprendre à bien les entonner.

Dès mon enfance, en l'eau de ces fonteines,
Pour Prestre sien me plongea de sa main,
Me faisant part du haut honneur d'Athènes
Et du sçavoir de l'antique Romain.

XXI

A ODET DE COLLIGNY,
CARDINAL DE CHASTILLON.

Mais d'où vient cela, mon ODET?
Si de fortune par la ruë
Quelque Courtisan je saluë
Ou de la voix, ou du bonnet,

Ou d'un clin d'œil tant seulement,
De la teste, ou d'un autre geste,
Soudain par serment il proteste
Qu'il est à mon commandement :

Soit qu'il me treuve chez le Roy,
Soit que j'en sorte, ou qu'il y vienne,

---

[1] Jouer d'un instrument.

Il met sa main dedans la mienne,
Et jure qu'il est tout à moy :

Mais quand un affaire[1] de soin
Me presse à luy faire requeste,
Tout soudain il tourne la teste,
Et devient sourd à mon besoin :

Et si je veux ou l'aborder,
Ou l'accoster en quelque sorte,
Mon Courtisan passe une porte,
Et ne daigne me regarder :

Et plus je ne luy suis cognu,
Ny mes vers ny ma poësie,
Non plus qu'un estranger d'Asie,
Ou quelqu'un d'Afrique venu.

Mais vous, PRÉLAT officieux,
Mon appuy, mon ODET, que j'aime
Mille fois plus ny que moy-mesme,
Ny que mon cœur, ny que mes yeux,

Vous ne me faictes pas ainsi :
Car si quelque affaire me presse
Librement à vous je m'adresse,
Et soudain en avez souci.

Vous avez soin de mon honneur,
Et voulez que mon bien prospère,
M'aimant tout ainsi qu'un bon père,
Et non comme un rude seigneur ;

---

[1] Ce mot était encore masculin.

Sans me promettre à tous les coups
Ces monts, ces mers d'or ondoyantes :
Telles bourdes trop impudantes
Sont, ODET, indignes de vous.

La raison (PRÉLAT) je l'entens :
C'est que vous estes véritable,
Et non Courtisan variable,
Qui sert aux faveurs et au temps.

⊸ XXII ⊶

L'ÉLECTION DE SON SÉPULCHRE.

Antres, et vous fontaines,
De ces roches hautaines
Qui tombez contre-bas
   D'un glissant pas ;

Et vous forests et ondes
Par ces prez vagabondes,
Et vous rives et bois,
   Oyez ma vois.

Quand le ciel et mon heure
Jugeront que je meure,
Ravi du beau séjour
   Du commun jour ;

Je défens qu'on me rompe
Le marbre, pour la pompe
De vouloir mon tombeau
   Bastir plus beau.

Mais bien je veux qu'un arbre
M'ombrage en lieu d'un marbre,
Arbre qui soit couvert
   Toujours de verd.

De moi puisse la terre
Engendrer un lierre
M'embrassant en maint tour
   Tout à l'entour :

Et la vigne tortisse [1]
Mon sépulchre embellisse,
Faisant de toutes pars
   Un ombre espars !

Là viendront chaque année,
A ma feste ordonnée,
Avecques leurs taureaux,
   Les pastoureaux :

Puis ayant fait l'office
Du dévot sacrifice,
Parlant à l'Isle ainsi,
   Diront ceci :

« Que tu es renommée
D'estre tombe nommée
D'un, de qui l'Univers
   Chante les vers !

« Qui oncques en sa vie
Ne fut brûlé d'envie

[1] Tortueuse.

D'acquérir les honneurs
   Des grands seigneurs;

« Ny n'enseigna l'usage
De l'amoureux breuvage,
Ny l'art des anciens
   Magiciens;

« Mais bien à nos campagnes
Fit voir les Sœurs compagnes
Foulantes l'herbe aux sons
   De ses chansons.

« Car il fit à sa Lyre
Si bons accords eslire,
Qu'il orna de ses chants
   Nous et nos champs.

« La douce Manne tombe
A jamais sur sa tombe,
Et l'humeur [1] que produit
   En May la nuit!

« Tout à l'entour l'emmure
L'herbe et l'eau qui murmure,
L'un tousjours verdoyant,
   L'autre ondoyant.

« Et nous ayans mémoire
De sa fameuse gloire,
Luy ferons comme à Pan
   Honneur chaque an. »

[1] Rosée ; *humor*.

ODES.

Ainsi dira la troupe,
Versant de mainte coupe
Le sang d'un agnelet
    Avec du lait

Dessus moy, qui à l'heure
Seray par la demeure
Où les heureux Esprits
    Ont leur pourpris [1].

La gresle ne la nége
N'ont tels lieux pour leur siége,
Ne la foudre oncques là
    Ne dévala.

Mais bien constante y dure
L'immortelle verdure,
Et constant en tout temps
    Le beau Printemps.

Le soin, qui sollicite
Les Rois, ne les incite
Leurs voisins ruiner
    Pour dominer ;

Ains comme frères vivent,
Et morts encore suivent
Les mestiers qu'ils avoient
    Quand ils vivoient.

Là, là j'oirray d'Alcée
La Lyre courroucée,

[1] Séjour, temple.

Et Sapphon qui sur tous
  Sonne plus dous.

Combien ceux qui entendent
Les chansons qu'ils respandent,
Se doivent réjoüir
  De les oüir ;

Quand la peine receuë
Du rocher est deceuë,
Et quand le vieil Tantal'
  N'endure mal [1] !

La seule Lyre douce
L'ennuy des cœurs repousse,
Et va l'esprit flatant
  De l'escoutant.

XXIII

Quand je suis vingt ou trente mois
Sans retourner en Vendomois,
Plein de pensées vagabondes,
Plein d'un remords et d'un souci,
Aux rochers je me plains ainsi,
Aux bois, aux antres, et aux ondes :

Rochers, bien que soyez âgez
De trois mil ans, vous ne changez
Jamais ny d'estat ny de forme :
Mais tousjours ma jeunesse fuit,

---

[1] C'est-à-dire que Sysiphe oublie son rocher et Tantale sa soif.

Et la vieillesse qui me suit,
De jeune en vieillard me transforme

Bois, bien que perdiez tous les ans
En Hyver vos cheveux mouvants,
L'an d'après qui se renouvelle,
Renouvelle aussi vostre chef :
Mais le mien ne peut derechef
Ravoir sa perruque nouvelle.

Antres, je me suis veu chez vous
Avoir jadis verds les genous,
Le corps habile et la main bonne :
Mais ores j'ay le corps plus dur
Et les genous, que n'est le mur
Qui froidement vous environne.

Ondes, sans fin vous promenez,
Et vous menez et ramenez
Vos flots, d'un cours qui ne séjourne :
Et moy sans faire long séjour,
Je m'en vais de nuict et de jour,
Au lieu d'où plus on ne retourne.

Si est-ce que je ne voudrois
Avoir esté rocher ou bois,
Pour avoir la peau plus espesse,
Et vaincre le temps emplumé :
Car, ainsi dur, je n'eusse aimé
Toy qui m'as fait vieillir, Maistresse.

XXIV[1]

Ma douce jouvence est passée,
Ma première force est cassée,
J'ai la dent noire et le chef blanc,
Mes nerfs sont dissous, et mes veines,
Tant j'ay le corps froid, ne sont pleines
Que d'une eau rousse en lieu de sang.

Adieu ma Lyre, adieu fillettes,
Jadis mes douces amourettes,
Adieu, je sens venir ma fin :
Nul passetemps de ma jeunesse
Ne m'accompagne en la vieillesse,
Que le feu, le lict et le vin.

J'ai la teste toute estourdie
De trop d'ans et de maladie ;
De tous costez le soin me mord ;
Et soit que j'aille ou que je tarde,
Tousjours après moi je regarde
Si je verray venir la Mort ;

Qui doit, ce me semble, à toute heure
Me mener là bas, où demeure
Je ne sçay quel Pluton, qui tient
Ouvert à tous venant un antre,
Où bien facilement on entre,
Mais d'où jamais on ne revient.

[1] Imité d'Anacréon.

○ XXV ○

Les espics sont à Cérès,
Aux dieux bouquins [1] les forés,
A Chlore l'herbe nouvelle,
A Phébus le verd Laurier,
A Minerve l'Olivier,
Et le beau Pin à Cybelle :

Aux Zéphyres le doux bruit ;
A Pomone le doux fruit,
L'onde aux Nymphes est sacrée,
A Flore lés belles fleurs :
Mais les soucis et les pleurs
Sont sacrez à Cythérée.

○ XXVI [2] ○

Le petit enfant Amour
Cueilloit des fleurs à l'entour
D'une ruche, où les avettes
Font leurs petites logettes.

Comme il les alloit cueillant,
Une avette sommeillant
Dans le fond d'une fleurette
Luy piqua la main doüillette.

Si tost que piqué se vit,
« Ah ! je suis perdu ! (ce dit). »

[1] Aux pieds de bouc. — [2] Imité d'Anacréon.

Et s'en-courant vers sa mère
Luy montra sa playe amère :

« Ma mère, voyez ma main,
Ce disoit Amour tout plein
De pleurs, voyez quelle enflure
M'a fait une esgratignure ! »

Alors Vénus se sou-rit,
Et en le baisant le prit,
Puis sa main luy a souflée
Pour guarir sa playe enflée.

« Qui t'a, dy-moy, faux garçon,
Blessé de telle façon ?
Sont-ce mes Grâces riantes
De leurs aiguilles poignantes ?

— Nenny, c'est un serpenteau,
Qui vole au printemps nouveau
Avecque deux ailerettes
Çà et là sur les fleurettes.

— Ah ! vraiment je le cognois
(Dit Vénus) ; les villageois
De la montagne d'Hymette
Le surnomment Melissette.

Si donques un animal
Si petit fait tant de mal,
Quand son halesne espoinçonne[1]
La main de quelque personne ;

[1] Son dard pique.

Combien fais-tu de douleur,
Au prix de luy, dans le cœur
De celuy en qui tu jettes
Tes venimeuses sagettes¹?

XXVII²

Naguères chanter je voulois
Comme Francus au bord Gaulois
Avec sa troupe vint descendre³:
Mais mon Luth pincé de mon doy
Ne vouloit en despit de moy
Que chanter Amour et CASSANDRE.

Je pensois (d'autant que tousjours
J'avois dit sur luy mes amours)
Que ses cordes, par long usage,
Chantaient d'Amour, et qu'il falloit
En mettre d'autres, s'on⁴ vouloit
Luy apprendre un autre langage.

Dès la mesme heure il n'y eut fust,
Ny archet qui changé ne fust,
Ny chevilles, ny chanterelles:
Mais après qu'il fut remonté,
Plus fort que devant a chanté
D'autres amours toutes nouvelles

Or adieu donc, Prince Francus,
Ta gloire sous tes murs vaincus
Se cachera tousjours pressée,

¹ Flèches; *sagitta*. — ² Imité de la première ode d'Anacréon.
³ Son poëme épique de la *Franciade*. — ⁴ Si on.

Si à ton neveu nostre Roy
Tu ne dis qu'en l'honneur de toy
Il face ma Lyre crossée¹.

○ XXVIII ○

Dieu vous gard', messagers fidelles
Du Printemps, vistes Arondelles,
Huppes, Cocus², Rossignolets,
Tourtres³, et vous oiseaux sauvages
Qui de cent sortes de ramages
Animez les bois verdelets!

Dieu vous gard', belles Paquerettes,
Belles roses, belles fleurettes,
Et vous boutons jadis cognus
Du sang d'Ajax et de Narcisse :
Et vous Thym, Anis et Mélisse,
Vous soyez les bien-revenus!

Dieu vous gard', troupe diaprée
De papillons, qui par la prée
Les douces herbes suçotez :
Et vous nouvel essaim d'Abeilles,
Qui les fleurs jaunes et vermeilles
De vostre bouche baisotez!

Cent mille fois je resaluë
Vostre belle et douce venuë :
O que j'aime ceste saison

---

1 Il demande à être fait évêque comme son ami Ponthus de Thyard, un des poëtes de la *Pléiade*. — 2 Coucous, — 3 Tourterelles.

Et ce doux caquet des rivages,
Au prix des vents et des orages
Qui m'enfermoient en la maison !

⊙ XXIX ⊙

A UN AUBESPIN.

Bel aubespin fleurissant,
 Verdissant
Le long de ce beau rivage,
Tu es vestu jusqu'au bas
 Des longs bras
D'une lambrunche[1] sauvage.

Deux camps de rouges fourmis
 Se sont mis
En garnison sous ta souche :
Dans les pertuis de ton tronc
 Tout du long
Les avettes ont leur couche.

Le chantre Rossignolet
 Nouvelet,
Courtisant sa bien-aimée,
Pour ses amours alléger,
 Vient loger
Tous les ans en ta ramée.

Sur ta cyme il fait son ny
 Tout uny
De mousse et de fine soye,

---

[1]. Vigne sauvage ; *labrusca.*

Où ses petits esclorront,
Qui seront
De mes mains la douce proye.

Or vy, gentil Aubespin,
Vy sans fin,
Vy sans que jamais tonnerre,
Ou la coignée, ou les vents,
Ou les temps
Te puissent ruer par terre.

XXX[1]

A RÉMY BELLEAU.

Du grand Turc je n'ay soucy
Ny du grand Tartare aussi :
L'or ne maistrise ma vie :
Aux Roys je ne porte envie :
Je n'ay soucy que d'aimer
Moy-mesme, et me parfumer
D'odeurs, et qu'une couronne
De fleurs le chef m'environne.
Je suis, mon BELLEAU, celuy
Qui veux vivre ce jourd'huy :
L'homme ne sçauroit cognoistre
Si un lendemain doit estre.

Vulcan, en faveur de moy,
Je te pri', despêche-toy
De me tourner une tasse,
Qui de profondeur surpasse

[1] Imité de deux odes d'Anacréon.

Celle du vieillard Nestor :
Je ne veux qu'elle soit d'or ;
Sans plus fay-la-moy de Chesne,
Ou de Lierre, ou de Fresne.

Ne m'engrave point dedans
Ces grands panaches pendans,
Plastrons, morions, ni armes :
Qu'ay-je soucy des allarmes,
Des assaux et des combas ?

Aussi ne m'y grave pas
Ny le Soleil ny la Lune,
Ny le Jour, ny la Nuict brune,
Ny les Astres, ny les Ours :
Je n'ay souci de leurs cours,
Encor' moins de leur charrette [1],
D'Orion, ny de Boëte.

Mais pein-moy, je te suppli,
D'une treille le repli
Non encore vendangée :
Peins une vigne chargée
De grapes et de raisins ;
Peins-y des fouleurs de vins,
Le nez et la rouge trongne
D'un Silène et d'un yvrongne.

XXXI [2]

Les Muses lièrent un jour
De chaisnes de Roses Amour,

---

[1] La constellation du chariot. — [2] Imité d'Anacréon.

Et pour le garder, le donnèrent
Aux Grâces et à la Beauté,
Qui voyant sa desloyauté
Sur Parnasse l'emprisonnèrent.

Si tost que Vénus l'entendit,
Son beau ceston¹ elle vendit
A Vulcan, pour la délivrance
De son enfant, et tout soudain,
Ayant l'argent dedans la main,
Fit aux Muses la révérence.

« Muses, Déesses des chansons,
Quand il faudroit quatre rançons
Pour mon enfant, je les apporte ;
Délivrez mon fils prisonnier ! »
Mais les Muses l'ont fait lier
D'une chaisne encore plus forte.

Courage donques, Amoureux,
Vous ne serez plus langoureux ;
Amour est au bout de ses ruses ;
Plus n'oseroit ce faux garçon
Vous refuser quelque chanson,
Puisqu'il est prisonnier des Muses.

XXXII ²

Pourtant si j'ay le chef plus blanc
Que n'est d'un Lys la fleur esclose,
Et toy le visage plus franc
Que n'est le bouton d'une Rose,

---

¹ Ceinture ; *cestus*. — ² Imité d'Anacréon.

Pour cela moquer il ne faut
Ma teste de neige couverte :
Si j'ai la teste blanche en haut,
L'autre partie est assez verte.

Ne sçais-tu pas, toy qui me fuis,
Que pour bien faire une couronne
Ou quelque beau bouquet, d'un Lis
Tousjours la Rose on environne ?

XXXIII[1]

Plusieurs de leurs corps desnuez
Se sont veus, en diverse terre,
Miraculeusement muez,
L'un en serpent et l'autre en pierre ;

L'un en fleur, l'autre en arbrisseau,
L'un en loup, l'autre en colombelle ;
L'un se vid changer en ruisseau,
Et l'autre devint arondelle.

Mais je voudrois estre miroir
Afin que tousjours tu me visses ;
Chemise je voudrois me voir,
Afin que souvent tu me prisses.

Volontiers eau je deviendrois,
Afin que ton corps je lavasse ;
Estre du parfum je voudrois,
Afin que je te parfumasse.

[1] Imité d'Anacréon.

Je voudrois estre le riban
Qui serre ta belle poitrine ;
Je voudrois estre le carquan [1]
Qui orne ta gorge yvoirine.

Je voudrois estre tout autour
Le coral qui tes lèvres touche,
Afin de baiser nuict et jour
Tes belles lèvres et ta bouche.

XXXIV [2]

Pourquoy comme une jeune Poutre
Je travers guignes-tu [3] vers moy !
Pourquoy farouche, fuis-tu outre
Quand je veux approcher de toy ?

Tu ne veux souffrir qu'on te touche,
Et ne veux souffrir que la main
D'un Escuyer ouvrant ta bouche,
T'apprivoise dessous le frein ;

Puis te voltant à toute bride,
Ton corps addresseroit au cours,
Et te piquant seroit ton guide
Par la carrière des amours.

Mais, bondissant, tu ne fais ores
Que suivre des prez la fraischeur,
Pource que tu n'as point encores
Trouvé quelque bon Chevaucheur.

---

[1] Collier. — [2] Imité d'Anacréon. — [3] Regardes-tu.

XXXV

ODELETTE.

Janne, en te baisant, tu me dis
Que j'ay le chef à demy gris,
Et tousjours, me baisant, tu veux
De l'ongle oster mes blancs cheveux,
Comme si le poil blanc ou noir
Sur le baiser avoit pouvoir.

Mais, Janne, tu te trompes fort,
Un cheveul blanc est assez fort
Pour te baiser, pourveu que point
Tu ne vueilles de l'autre point.

XXXVI [1]

LOUANGES DE LA ROSE.

Verson ces Roses en ce vin,
En ce bon vin verson ces Roses,
Et boivon l'un à l'autre afin
Qu'au cœur nos tristesses encloses
Prennent en boivant quelque fin.

La belle Rose du Printemps,
Aubert, admoneste les hommes
Passer joyeusement le temps,
Et pendant que jeunes nous sommes,
Esbatre la fleur de nos ans.

[1] Imité d'Anacréon et de Martial.

Tout ainsi qu'elle défleurit
Fanie en une matinée,
Ainsi nostre âge se flestrit,
Las! et en moins d'une journée
Le Printemps d'un homme périt.

Ne veis-tu pas hier BRINON
Parlant et faisant bonne chère,
Qui, las! aujourd'hui n'est sinon
Qu'un peu de poudre en une bière,
Qui de luy n'a rien que le nom?

Nul ne desrobe son trespas;
Charon serre tout en sa nasse,
Roys et pauvres tombent là bas;
Mais ce-pendant le temps se passe,
Rose, et je ne te chante pas.

La Rose est l'honneur d'un pourpris [1],
La Rose est des fleurs la plus belle;
Et dessus toutes a le pris;
C'est pour cela que je l'appelle
La violette de Cypris.

La Rose est le bouquet d'Amour,
La Rose est le jeu des Charites;
La Rose blanchit tout autour
Au matin de perles petites,
Qu'elle emprunte du poinct du jour.

La Rose est le parfum des Dieux,
La Rose est l'honneur des pucelles,

---

[1] Parc, jardin.

Qui leur sein beaucoup aiment mieux
Enrichir de Roses nouvelles,
Que d'un or tant soit précieux.

Est-il rien sans elle de beau ?
La Rose embellit toutes choses,
Vénus, de Roses, a la peau,
Et l'Aurore a les doigts de Roses,
Et le front le Soleil nouveau.

Les Nymphes, de Rose, ont le sein,
Les coudes, les flancs et les hanches;
Hébé, de Roses, a la main,
Et les Charites, tant soient blanches,
Ont le front de Roses tout plein.

Que le mien en soit couronné,
Ce m'est un Laurier de victoire :
Sus, appelon le deux-fois-né,
Le bon Père, et le faison boire,
De cent Roses environné.

Bacchus espris de la beauté
Des Roses aux fueilles vermeilles,
Sans elles n'a jamais esté,
Quand en chemise sous les treilles
Il boit au plus chaud de l'Esté.

XXXVII

LOUANGES DE LA ROSE
ET DE LA VIOLETTE.

Sur tous parfums j'aime la Rose
Dessur l'espine en May déclose,
Et l'odeur de la belle fleur
Qui de sa première couleur
Pare la terre, quand la glace
Et l'Hyver au Soleil font place.

Les autres boutons vermeillets,
La giroflée et les œillets,
Et le bel esmail qui varie
L'honneur gemmé [1] d'une prairie
En mille lustres s'esclatant,
Ensemble ne me plaisent tant
Que fait la Rose pourperette,
Et de Mars la blanche fleurette.

Que sçauroy-je, pour le doux flair [2]
Que je sens au moyen de l'air,
Prier pour vous deux, autre chose,
Sinon que, toy, bouton de Rose,
Du teint de honte accompagné,
Sois tousjours en May rebaigné
De la rosée qui doux glisse,
Et jamais Juin ne te fanisse?
Ny à toy, fleurette de Mars,

---

[1] C'est-à-dire, éclat pareil à celui des pierres précieuses; *gemmans*. — [2] Odeur.

Jamais l'Hyver, lors que tu pars
Hors de la terre, ne te face
Pancher morte dessus la place.

Ains tousjours maugré la froideur,
Puisses-tu, de ta soëfve ¹ odeur,
Nous annoncer que l'an se vire
Plus doux vers nous, et que Zéphyre
Après le tour du fascheux temps
Nous ramène le beau Printemps !

XXXVIII

Nous ne tenons en nostre main
Le jour qui suit le lendemain ;
La vie n'a point d'asseurance,
Et pendant que nous désirons
La faveur des Roys, nous mourons
Au milieu de nostre espérance.

L'homme, après son dernier trespas,
Plus ne boit ne mange là bas,
Et sa grange qu'il a laissée
Pleine de blé devant sa fin
Et sa cave pleine de vin
Ne luy viennent plus en pensée.

Hé ! quel gain apporte l'esmoy ?
Va, Corydon, appreste-moy
Un lict de Roses espanchées ;
Il me plaist, pour me défascher,

¹ Suave.

A la renverse me coucher
Entre les pots et les jonchées¹.

Fay-moy venir DAURAT icy,
Fais-y venir JODELLE aussi,
Et toute la Musine² troupe :
Depuis le soir jusqu'au matin
Je veux leur donner un festin,
Et cent fois leur pendre la coupe.

Verse donc et reverse encor
Dedans ceste grand' coupe d'or ;
Je vay boire à HENRY ESTIENNE³,
Qui des Enfers nous a rendu
Du vieil Anacréon perdu
La douce lyre Teïenne.

A toy, gentil Anacréon,
Doit son plaisir le biberon,
Et Bacchus te doit ses bouteilles ;
Amour, son compagnon, te doit
Vénus et Silène qui boit
L'Esté dessous l'ombre des treilles.

XXXIX

Mon CHOISEUL, lève tes yeux,
Ces mesmes flambeaux des Cieux,
Ce Soleil et ceste Lune,

---

¹ Rameaux, herbes et fleurs dont autrefois on jonchait le pavé des salles. — ² Poétique, des muses. — ³ C'est le savant et malheureux Henry Estienne, lequel fut, comme on sait, le premier éditeur et imprimeur d'Anacréon.

C'estoit la mesme commune
Qui luisoit à nos ayeux.

Mais rien ne se perd là haut,
Et le genre humain défaut ¹
Comme une Rose pourprine,
Qui languit dessus l'espine
Si tost qu'elle sent le chaud.

Nous ne devons espérer
De tousjours vifs demeurer,
Nous, le songe d'une vie ;
Qui, bons Dieux, auroit envie
De vouloir toujours durer?

Non, ce n'est moy qui veux or'
Vivre autant que fit Nestor ;
Quel plaisir, quelle liesse
Reçoit l'homme en sa vieillesse,
Eust-il mille talens ² d'or?

L'homme vieil ne peut marcher,
N'ouyr, ne voir, ny mascher ;
C'est une Idole enfumée
Au coin d'une cheminée,
Qui ne fait rien que cracher.

Il est tousjours en courroux,
Bacchus ne luy est plus doux,
Ny de Vénus l'accointance :
En lieu de mener la dance
Il tremblotte des genoux.

¹ Manque, disparaît. — ² Le *talent*, monnaie grecque, qui remplace ici les écus d'or.

Si quelque force ont mes vœux,
Escoutez, Dieux ! je ne veux
Attendre qu'une mort lente
Me conduise à Rhadamante
Avecques des blancs cheveux.

Ah ! qu'on me feroit grand tort
De me traîner voir le bord
Ce jourd'huy du fleuve courbe,[1]
Qui là bas reçoit la tourbe
Qui tend les bras vers le port !

Car je vis : et c'est grand bien
De vivre, et de vivre bien,
Faire envers DIEU son office,
Faire à son Prince service,
Et se contenter du sien.

Celuy qui vit en ce poinct,
Heureux ne convoite point
Du peuple estre nommé SIRE,
D'adjoindre au sien un Empire,
De trop d'avarice espoinct.[2]

Celuy n'a soucy quel Roy
Tyrannise sous sa Loy
Ou la Perse ou la Syrie,
Ou l'Inde ou la Tartarie :
Car celuy vit sans esmoy :

Ou bien s'il a quelque soin,
C'est de s'endormir au coin

---

[1] Le Styx. — [2] Aiguillonné, tourmenté ; *punctus*.

De quelque grotte sauvage,
Ou le long d'un beau rivage,
Tout seul se perdre bien loin ;

Et soit à l'aube du jour,
Ou quand la Nuict fait son tour,
En sa charrette endormie,
Se souvenant de s'amie,
Tousjours chanter de l'Amour.

-o XL [1] o-

Quand je veux en amour prendre mes passe-temps,
M'amie, en se moquant, laid et vieillard me nomme :
« Quoy, dit-elle, rêveur, tu as plus de cent ans,
Et tu veux contrefaire encore le jeune homme?

Tu ne fais que hennir, tu n'as plus de vigueur ;
Ta couleur est d'un mort qu'on dévale en la fosse :
Vray est, quand tu me vois, tu prends un peu de cœur :
Un cheval généreux ne devient jamais rosse.

Si tu le veux savoir, prens ce miroir, et voy
Ta barbe, en tous endroits, de neige parsemée,
Ton œil qui fait la cire espesse comme un doy,
Et ta face qui semble une idole enfumée. »

Alors je luy respons : « Quant à moy je ne sçay
Si j'ay l'œil chassieux, si j'ay perdu courage,
Si mes cheveux sont noirs ou si blancs je les ay ;
Il n'est plus temps d'apprendre à mirer mon visage.

Mais puis que mon corps doit sous la terre moisir
Bien tost, et que Pluton victime le veut prendre,
Plus il me faut haster de ravir le plaisir,
D'autant plus que ma vie est proche de sa cendre. »

[1] Imité d'Anacréon.

XLI[1]

Si tost que tu sens arriver
La froide saison de l'Hyver,
En Octobre, douce Arôndelle,
Tu t'en-voles bien loin d'icy ;
Puis quand l'Hyver est adoucy,
Tu retournes toute nouvelle.

Mais Amour, oyseau comme toy,
Ne s'enfuit jamais de chez moy :
Tousjours mon hoste je le trouve :
Il se niche en mon cœur tousjours,
Et pond mille petits Amours,
Qu'au fond de ma poitrine il couve.

L'un a des ailerons au flanc,
L'autre de duvet est tout blanc,
Et l'autre dans le nid s'essore :[2]
L'un de la coque à demy sort,
Et l'autre en becquette le bort,
Et l'autre est dans la glaire encore.

J'entens, soit de jour, soit de nuit,
De ces petits Amours le bruit,
Béans pour avoir la béchée,
Qui sont nourris par les plus grans,
Et grands devenus tous les ans
Font une nouvelle nichée.

---

[1] Imité d'Anacréon. — [2] S'essaie à prendre l'essor

ODES.

Quel remède auroy-je, BRINON,
Encontre tant d'Amours, sinon
(Puis que d'eux je me désespère)
Pour soudain guarir ma langueur,
D'une dague m'ouvrant le cœur,
Tuer les petits et la mère?

⚬ XLII[1] ⚬

La belle Vénus un jour
M'amena son fils Amour;
Et l'amenant me vint dire :
« Escoute, mon cher RONSARD,
Enseigne à mon enfant l'art
De bien jouer de la lyre. »

Incontinent je le pris,
Et soigneux, je lui appris
Comme Mercure eut la peine
De premier la façonner,
Et de premier en sonner
Dessus le mont de Cyllène ;

Comme Minerve inventa
Le hautbois, qu'elle jéta
Dedans l'eau toute marrie :
Comme Pan, le chalumeau,
Qu'il pertuisa[2] du roseau
Formé du corps de s'amie.

Ainsi, pauvre que j'estois,

[1] Imité de Bion. — [2] Perça.

Tout mon art je recordois [1]
A cet enfant pour l'apprendre :
Mais luy, comme un faux garson,
Se moquoit de ma chanson,
Et ne la vouloit entendre.

« Pauvre sot, ce me dit-il,
Tu te penses bien subtil !
Mais tu as la teste fole
D'oser t'égaler à moy,
Qui, jeune, en sçay plus que toy,
Ny que ceux de ton escole. »

Et alors il me sou-rit,
Et en me flatant m'apprit
Tous les œuvres de sa mère,
Et comme pour trop aimer
Il avoit fait transformer
En cent figures son père.

Il me dit tous ses attraits,
Tous ses jeux, et de quels traits
Il blesse les fantaisies
Et des hommes et des Dieux,
Tous ses tourmens gracieux,
Et toutes ses jalousies.

Et me les disant, alors
J'oubliay tous les accors
De ma Lyre desdaignée,
Pour retenir en leur lieu

---

[1] Je rappelais; *recordari*.

L'autre chanson que ce Dieu
M'avoit par cœur enseignée.

-o XLIII o-

ODELETTE.

Cependant que ce beau mois dure,
Mignonne, allon sur la verdure,
Ne laisson perdre en vain le temps :
L'âge glissant qui ne s'arreste,
Meslant le poil de nostre teste,
S'enfuit ainsi que le printemps.

Donq ce pendant que nostre vie
Et le temps d'aimer nous convie,
Aimon, moissonnon nos désirs ;
Passon l'Amour de veine en veine :
Incontinent la mort prochaine
Viendra desrober nos plaisirs.

-o XLIV [1] o-

Le boiteux mary de Vénus,
Le maistre des Cyclopes nus
Rallumoit un jour les flamèches
De sa forge, afin d'eschauffer
Une grande masse de fer
Pour en faire à l'Amour des flèches.

Vénus les trempoit dans du miel,

[1] Imité d'Anacréon.

Amour les trempoit dans du fiel,
Quand Mars, retourné des alarmes,
En se moquant les mesprisoit,
Et branlant sa hache, disoit :
« Voicy bien de plus fortes armes. »

— « Tu t'en ris donq? luy dit Amour ;
Vrayment tu sentiras un jour
Combien leur poincture est amère,
Quand d'elles blessé dans le cœur,
(Toy qui fais tant du belliqueur)
Languiras au sein de ma mère. »

-O XLV O-

MAGIE,

OU DÉLIVRANCE D'AMOUR.

Sans avoir lien qui m'estraigne,
Sans cordons, ceintures ny nouds,
Et sans jartière à mes genous
Je viens dessus ceste montaigne ;

Afin qu'autant soit relasché
Mon cœur d'amoureuses tortures,
Comme de nœuds et de ceintures
Mon corps est franc et détaché.

Venez tost, aériens gendarmes ;
Démons, volez à mon secours ;
Je quitte, apostat des amours,
La solde, le camp et les armes.

Vents, qui meuvez l'air vostre amy,
Enfants engendrez de la Seine,
En l'Océan noyez ma peine :
Noyez Amour mon ennemy.

Va-t-en habiter tes Cythères,[1]
Ton Paphos, prince Idalien :
Icy, pour rompre ton lien
Je n'ai besoin de tes mystères.

Anterot,[1] preste-moy la main,
Enfonce tes flèches diverses ;
Il faut que pour moy tu renverses
Ce boute-feu du genre humain.

Je te pry, grand Dieu, ne m'oublie :
Sus, page, verse à mon costé
Le sac que tu as apporté,
Pour me guarir de ma folie.

Brusle ce soufre et cet encens :
Comme en l'air je voy consommée
Leur vapeur, se puisse en fumée
Consommer le mal que je sens.

Verse-moy l'eau de ceste esguière ;
Et comme à bas tu la respans,
Qu'ainsi coule en ceste rivière
L'amour, duquel je me repens.

Ne tourne plus ce devideau :[2]
Comme soudain son cours s'arreste,

---

[1] Anti-Amour, ennemi de l'Amour. [2] Fuseau, dévidoir.

Ainsi la fureur de ma teste
Ne tourne plus en mon cerveau.

Laisse dans ce genièvre prendre
Un feu s'enfumant peu à peu :
Amour ! je ne veux plus de feu,
Je ne veux plus que de la cendre.

Vien viste, enlasse-moy le flanc,
Non de thym, ny de marjolaine,
Mais bien d'armoise et de vervaine,
Pour mieux me rafraischir le sang.

Verse du sel en ceste place :
Comme il est infertile, ainsi
L'engeance du cruel soucy
Ne couve en mon cœur plus de race.

Romps devant moy tous ses présens,
Cheveux, gands, chifres, escriture,
Romps ses lettres et sa peinture,
Et souffle les morceaux aux vens.

Vien donc, ouvre-moy cesté cage,
Et laisse vivre en libertez
Ces pauvres oiseaux arrestez,
Ainsi que j'estois en servage.

Passereaux, volez à plaisir,
De ma cage je vous délivre,
Comme désormais je veux vivre
Au gré de mon premier désir.

Vole, ma douce tourterelle,

Le vray symbole d'amitié,
Je ne veux plus d'une moitié
Me feindre une plainte nouvelle.

Pigeon, comme tout à l'entour
Ton corps emplumé je desplume,
Puissé-je en ce feu que j'allume
Déplumer les ailes d'Amour.

Je veux à la façon antique
Bastir un temple de cyprès,
Où d'Amour je rompray les traits
Dessus l'autel Antérotique.[1]

Vivant il ne faut plus mourir,
Il faut du cœur s'oster la playe :
Dix lustres veulent que j'essaye
Le remède de me guarir.

Adieu Amour, adieu tes flames,
Adieu ta douceur, ta rigueur,
Et bref, adieu toutes les dames
Qui m'ont jadis bruslé le cœur.

Adieu le mont Valérien,[2]
Montagne par Vénus nommée,
Quand Francus conduit son armée
Dessus le bord Parisien.

[1] Elevé contre l'Amour. — [2] Il y avait autrefois un temple de Vénus sur le mont Valérien.

LE BOCAGE ROYAL[1].

AU ROY HENRY III.

. . . .
Quand le jeune Phénix sur son espaule tendre
Porte le lict funèbre et l'odoreuse cendre,
Reliques de son père, et plante, en appareil [2],
Le tombeau paternel au Temple du Soleil,
Les oyseaux esbahis en quelque part qu'il nage
De ses ailes ramant, admirent son image,
Non pour luy voir le corps de mille couleurs peint,
Non pour le voir si beau, mais pource qu'il est saint,
Oyseau religieux aux Mânes de son père,
Tant de la Piété Nature bonne mère

---

[1] Sous ce titre, qui répond à celui de *Sylvæ*, donné par Stace à un recueil de divers poëmes, Ronsard a réuni un certain nombre d'épîtres adressées aux rois Charles IX, Henri III, aux reines Catherine de Médicis, Élisabeth d'Angleterre, etc. Nous donnerons quelques extraits de ces épîtres. — [2] Pompe, apparat.

A planté dès le naistre en l'air et dans les eaux
La vivace semence ès cœurs des animaux !

Donques le peuple suit les traces de son maistre :
Il pend de ses façons, il l'imite, et veut estre
Son disciple, et tousjours pour exemple l'avoir,
Et se former en luy ainsi qu'en un miroir.

Cela que le soudard aux espaules ferrées,
Que le cheval flanqué de bardes acérées
Ne peut faire par force, Amour le fait seulet,
Sans assembler ny camp ny vestir corcelet.
Les vassaux et les Rois de mutuels offices
Se combattent entr'eux, les vassaux par services,
Les Rois par la bonté : le peuple désarmé
Aime tousjours son Roy quand il s'en voit aimé.
Il sert d'un franc vouloir, quand il est nécessaire
Qu'on le face servir : plus un Roy débonnaire
Luy veut lascher la bride, et moins il est outré,
Plus luy-mesmes la serre, et sert de son bon gré,
Se met la teste au joug sous lequel il s'efforce,
Qu'il secou'roit du col s'on luy mettoit par force.

C'est alors que le Prince en vertus va devant,
Qu'il monstre le chemin au peuple le suivant,
Qu'il faict ce qu'il commande, et de la loy suprême
Rend la rigueur plus douce obeïssant luy-mesme,
Et tant il est d'honneur et de loüange espoint,
Que pardonnant à tous ne se pardonne point.

Quel sujet ne seroit dévot et charitable
Sous un Roy piéteux ? quel sujet misérable

Voudroit de ses aïeux consommer les thrésors,
Pour, homme, efféminer par délices son corps
D'habits pompeux de soye élabourez à peine,
Quand le Prince n'auroit qu'un vestement de laine,
Et qu'il retrancheroit par Édicts redoutez [1]
Les fertiles moissons des ordes voluptez,
Couppant, comme Herculès, l'Hydre infâme des vices
Par l'honneste sueur des poudreux exercices?

A forcer par les bois un cerf au front ramé,
Enferrer un sanglier de défenses armé,
Voir lévreter le lièvre à la jambe peluë,
Voir pendre les faucons au milieu de la nuë,
Faire d'un pied léger poudroyer les sablons,
Voir bondir par les prez l'enflure des ballons,
A porter le harnois, à courir la campaigne,
A donter sous le frein un beau genet d'Espaigne,
A sauter, à lutter d'un bras fort et voûté :
Voilà les ferrements tranchants l'oisiveté.

Mais porter en son âme une humble modestie,
C'est à mon gré des Rois la meilleure partie.
Le Prince guerroyant doit par tout foudroyer :
Celuy qui se maintient doit bien souvent ployer.
L'un tient la rame au poing, l'autre espie à la hune :
En l'un est la prudence, en l'autre est la fortune.
Tousjours l'humilité gaigne le cœur de tous :
Au contraire l'orgueil attise le courrous.

Ne vois-tu ces rochers rempars de la marine [2] ?
Grondant contre leurs pieds, tousjours le flot les mine,
Et d'un bruit escumeux à l'entour aboyant,

[1] C'est-à-dire, des lois somptuaires. — [2] Mer.

Forcenant¹ de courroux, en vagues tournoyant,
Ne cesse de les battre, et d'obstinez murmures
S'opposer à l'effort de leurs plantes² si dures,
S'irritant de les voir ne céder à son eau.

Mais quand un mol sablon, par un petit monceau,
Se couche entre les deux, il fléchit la rudesse
De la mer, et l'invite, ainsi que son hostesse,
A loger en son sein : alors le flot qui voit
Que le bord luy fait place, en glissant se reçoit
Au giron de la terre, appaise son courage,
Et la lichant se joüe à l'entour du rivage.

La vigne lentement de ses tendres rameaux
Grimpe, s'insinuant aux faistes des ormeaux,
Et se plie à l'entour de l'estrangère escorce
Par amour seulement, et non pas par la force ;
Puis mariez ensemble, et les deux n'estant qu'un,
Font à l'herbe voisine un ombrage commun.
. . . .

AU MÊME,

APRÈS SON RETOUR DE POLOGNE ³.

. . . .
Vous ne venez en France à passer une mer
Qui soit tranquille et calme et bonasse à ramer :
Elle est du haut en bas de faction enflée,
Et de religions diversement soufflée :

---

¹ Du verbe *forcener*. — ² Pieds ; *planta*. — ³ Henri III, roi de Pologne, s'enfuit de ce royaume pour revenir en France et succéder à son frère Charles IX.

Elle a le cœur mutin, toutefois il ne faut
D'un baston [1] violant corriger son défaut,
Il faut avec le temps en son sens la réduire :
D'un chastiment forcé le meschant devient pire.
Il faut un bon timon pour se sçavoir guider,
Bien calfeutrer sa nef, sa voile bien guinder.
La certaine Boussolle est d'adoucir les tailles,
Estre amateur de paix, et non pas de batailles,
Avoir un bon Conseil, sa Justice ordonner,
Payer ses créanciers, jamais ne maçonner,
Estre sobre en habits, estre prince accointable [2],
Et n'ouyr ny flateurs ny menteurs à la table.

On espère de vous comme d'un bon marchand,
Qui un riche butin aux Indes va cherchant,
Et retourne chargé d'une opulente proye,
Heureux par le travail d'une si longue voye :
Il rapporte de l'or, et non pas de l'airain.
Aussi vous auriez fait si long voyage en vain,
Veu le Rhin, le Danube, et la grand' Allemaigne,
La Pologne que Mars et l'Hyver accompaigne,
Viënne, qui au Ciel se brave de l'honneur
D'avoir sceu repousser le camp du Grand-Seigneur,
Venise marinière, et Ferrare la forte,
Thurin qui fut François, et Savoye qui porte,
Ainsi que fait Atlas, sur sa teste les Cieux :
En vain vous auriez veu tant d'hommes, tant de lieux,
Si, vuide de profit en une barque vaine,
Vous retourniez en France après si longue peine.
Il faut faire, mon Prince, ainsi qu'Ulysse fit,
Qui des peuples cogneus sceut faire son profit.

. . . .

[1] Dans le sens de *rame*. — [2] Sociable, accessible.

AU MÊME.

A vous, race de Rois, prince de tant de Princes,
Qui tenez dessous vous deux si grandes provinces [1],
Qui par toute l'Europe esclairez, tout ainsi
Qu'un beau Soleil d'Esté de flames esclairci,
Que l'estranger admire et le sujet honore,
Et dont la Majesté nostre siècle redore ;
A vous qui avez tout, je ne saurois donner
Présent, tant soit-il grand, qui vous puisse estréner.
La terre est presque vostre, et dans le Ciel vous mettre,
Je ne suis pas un Dieu, je ne puis le promettre,
C'est à faire au flatteur : je vous puis mon mestier
Promettre seulement, de l'encre et du papier.

Je ne suis courtizan ny vendeur de fumées,
Je n'ay d'ambition les veines allumées,
Je ne sçaurois mentir, je ne puis embrasser
Genoux, ny baiser mains, ny suivre, ny presser,
Adorer, bonneter [2], je suis trop fantastique :
Mon humeur d'escolier, ma liberté rustique
Me devroit excuser, si la simplicité
Trouvoit aujourd'huy place entre la vanité.
C'est à vous, mon grand Prince, à supporter ma faute,
Et me louer d'avoir l'âme superbe et haute,
Et l'esprit non servil, comme ayant de HENRY,
Vostre père, et de vous trente ans esté nourry.

Un gentil Chevalier qui aime de nature
A nourrir des haras, s'il treuve d'avanture

[1] La France et la Pologne. — [2] Saluer du bonnet.

Un coursier généreux, qui courant des premiers
Couronne son seigneur de palme et de lauriers,
Et, couvert de sueur, d'escume et de poussière,
Rapporte à la maison le prix de la carrière ;
Quand ses membres sont froids, débiles et perclus,
Que vieillesse l'assaut, que vieil il ne court plus,
N'ayant rien du passé que la monstre [1] honorable,
Son bon maistre le loge au plus haut de l'estable,
Luy donne avoine et foin, soigneux de le panser,
Et d'avoir bien servy le fait récompenser :
L'appelle par son nom, et, si quelqu'un arrive,
Dit : « Voyez ce cheval qui d'haleine poussive
Et d'ahan [2] maintenant bat ses flancs à l'entour,
J'estois monté dessus au camp de Montcontour [3],
Je l'avois à Jarnac ; mais tout en fin se change. »
Et lors le vieil coursier qui entend sa loüange,
Hennissant et frappant la terre, se sou-rit,
Et bénist son Seigneur qui si bien le nourrit.

Vous aurez envers moy (s'il vous plaist) tel courage,
Sinon à vous le blasme, et à moy le dommage.
. . . .

A LA REINE-MÈRE
CATHERINE DE MÉDICIS,
QUI VOYAGEAIT DANS LE ROYAUME AVEC SES FILS CHARLES IX,
ET HENRI, DUC D'ANJOU, DEPUIS ROI.

Comme une belle et jeune fiancée,
De qui l'amour réveille la pensée,

---

[1] L'apparence. — [2] De fatigue. — [3] Allusion aux victoires de Jarnac et de Montcontour.

Souspire en vain son amy nuict et jour,
Et triste attend l'heure de son retour,
Feignant tousjours, tant son esprit chancelle,
De son retard quelque cause nouvelle.

De tel désir, toute France, qui pend [1]
De vos vertus, vostre présence attend,
Et le retour de nos deux jeunes Princes,
Qui dessous vous cognoissent leurs provinces.

Mais quand on dit que Phébus aux grands yeux
Aura couru tous les signes des Cieux,
Et que la Lune, à la coche attelée
De noirs chevaux, sera renouvelée
Par douze fois sans retourner icy,
Paris lamente et languit en soucy,
Et ne sçauroit, quoy qu'il pense ou regarde,
Songer le point qui si loin vous retarde.

Seroit-ce point le Rhosne impétueux ?
Le cours de Seine aux grands ports fructueux
Est plus plaisant. Seroit-ce point Marseille ?
Non, car Paris est ville sans pareille :
Bien que Marseille en ses tiltres plus vieux
Vante bien haut ses Phocenses [2] ayeux,
Qui d'Apollon fuyans l'oracle et l'ire,
A son rivage ancrèrent leur navire.

L'air plus serein des peuples estrangers
Et le doux vent parfumé d'Orangers
De leur douceur vous ont-ils point ravie?
La peste, hélas ! vous a tousjours suivie.

[1] Dépend ; *pendere*. — [2] Phocéens.

De Languedoc les palles Oliviers
Sont-ils plus beaux que les arbres fruitiers
De vostre Anjou? ou les fruits que Touraine,
Plantez de rang, en ses jardins, ameine?
Je croy que non. Y vit-on mieux d'accord?
Mars, en tous lieux, de vostre grâce, est mort.

Qui vous tien donq si loin de nous, Madame?
C'est le désir de consumer la flame
Qui peut rester des civiles fureurs,
Et nettoyer vos Provinces d'erreurs.

Vostre vouloir soit fait à la bonne heure :
Mais retournez en la saison meilleure,
Et faites voir au retour du Printemps
De vostre front tous vos peuples contents.

Votre Monceaux [1] tout gaillard vous appelle,
Sainct-Maur pour vous fait sa rive plus belle,
Et Chenonceau rend pour nous diaprez
De mille fleurs son rivage et ses prez :
La Tuillerie au bastiment superbe
Pour vous fait croistre et son bois et son herbe,
Et désormais ne désire sinon
Que d'enrichir son front de vostre nom.
Et toutesfois par promesse asseurée
Ils ont ensemble alliance jurée
De leur vestir de noir habit de deuil
Jusques au jour que les raiz de votre œil
Leur donneront une couleur plus neuve,
Changeant en verd leur vieille robbe veuve,

---

[1] Maison royale de plaisance en Brie ; *Chenonceau*, en Touraine ; *Saint-Maur*, à deux lieues de Paris.

Et que jamais ils ne seront joyeux,
Beaux ny gaillards qu'au retour de vos yeux.

Si vous venez, vous verrez vos allées
Dessous vos pas d'herbes renouvellées,
Et vos jardins plus verds et plus plaisans
Se rajeunir en la fleur de leurs ans.

Ou bien, Madame, ils deviendront stériles,
Sans fleurs, sans fruits, mal-plaisans, inutiles,
Et peu vaudra de les bien disposer,
Les bien planter, et bien les arroser :
Le jardinier ne pourra faire craistre
Herbe ne fleur, sans voir l'œil de leur maistre...

. . . .

Quand voirrons-nous quelque tournoy nouveau ?
Quand voirrons-nous par tout Fontainebleau
De chambre en chambre aller les mascarades ?
Quand oirrons-nous au matin les aubades
De divers luths mariez à la vois ?
Et les cornets, les fifres, les haubois,
Les tabourins, violons, espinettes
Sonner ensemble avecque les trompettes ?

Qand voirrons-nous comme balles voler
Par artifice un grand feu dedans l'air ?
Quand voirrons-nous sur le haut d'une scène
Quelque Janin [1] ayant la jouë pleine
Ou de farine ou d'encre, qui dira
Quelque bon mot qui vous réjoüira ?

---

[1] Mime, farceur en vogue à la cour.

Quand voirrons-nous une autre Polynesse
Tromper Dalinde ¹, et une jeune presse
De tous costez, sur les tapis tendus,
Honnestement aux girons espandus
De leurs Maistresse', et de douces parolles
Fléchir leurs cœurs et les rendre plus molles,
Pour sainctement un jour les espouser,
Et chastement près d'elles reposer ?

C'est en ce poinct, Madame, qu'il faut vivre,
Laissant l'ennui à qui le voudra suivre.

De vostre grâce, un chacun vit en paix :
Pour le Laurier l'Olivier est espais
Par toute France, et d'une estroite corde
Avez serré les mains de la Discorde.

Morts sont ces mots, Papaux et Huguenots :
Le Prestre vit en tranquille repos,
Le vieil soldat se tient à son mesnage,
L'artisan chante en faisant son ouvrage,
Les marchez sont fréquentez des marchans,
Les laboureurs sans peur sèment les champs,
Le pasteur saute auprès d'une fontaine,
Le marinier par la mer se promeine
Sans craindre rien : car par terre et par mer
Vous avez peu toute chose calmer.

En travaillant chacun fait sa journée :
Puis quand au Ciel la Lune est retournée,
Le laboureur délivré de tout soing
Se sied à table, et prend la tasse au poing ;

---

¹ *Dalinde*, pièce nouvelle à la mode.

Il vous invoque, et remply d'allégresse
Vous sacrifie ainsi qu'à la Déesse,
Verse du vin sur la place; et aux Cieux
Dressant les mains et soulevant les yeux,
Supplie à DIEU qu'en santé très-parfaite
Viviez cent ans en la paix qu'avez faite.

A JEAN GALLAND,
PRINCIPAL DU COLLÉGE DE BONCOURT.

Mon GALLAND, tous les arts appris dès la jeunesse
Servent à l'artizan jusques à la vieillesse,
Et jamais le mestier en qui l'homme est expert,
Abandonnant l'ouvrier, par l'âge ne se pert.

Bien que le Philosophe ait la teste chenuë,
Son esprit toutefois se pousse outre la nuë :
Plus le corps est pesant, plus il est vif et pront,
Et forçant sa prison s'en-vole contre-mont [1].
L'Orateur qui le peuple attire par l'aureille,
Celuy qui, disputant, la vérité réveille,
Et le vieil Médecin, plus il court en avant,
Plus il a de pratique, et plus devient sçavant.

Mais ce bon-heur n'est propre à nostre Poësie,
Qui ne se voit jamais d'une fureur saisie
Qu'au temps de la jeunesse, et n'a point de vigueur
Si le sang jeune et chaud n'escume dans le cœur,
Sang qui en boüillonnant agite la pensée
Par diverses fureurs brusquement eslancée,
Et pousse nostre esprit, ore bas, ore haut,

[1] En haut.

Comme le sang de l'homme est généraux et chaut,
Et selon son ardeur nous trouvans d'aventure
Au mestier d'Apollon préparez de nature.
Comme voit en Septembre aux tonneaux Angevins
Boüillir en escumant la jeunesse des vins,
Qui chaude en son berceau à toute force gronde,
Et voudroit tout d'un coup sortir hors de sa bonde
Ardante, impatiente, et n'a point de repos
De s'enfler, d'escumer, de jaillir à gros flots,
Tant que le froid Hyver luy ait donné sa force,
Rembarrant sa puissance aux berceaux d'une escorce :

Ainsi la Poësie en la jeune saison
Boüillonne dans nos cœurs ; qui n'a soin de raison,
Serve de l'appétit, et brusquement anime
D'un Poëte gaillard la fureur magnanime :
Il devient amoureux, il suit les grands Seigneurs,
Il aime les faveurs, il cherche les honneurs,
Et plein de passions en l'esprit, ne repose
Que de nuict et de jour ardent il ne compose ;
Soupçonneux, furieux, superbe et desdaigneux ;
Et de luy seulement curieux et songneux [1],
Se feignant quelque Dieu : tant la rage félonne
De son jeune désir son courage aiguillonne.

Mais quand trente-cinq ans ou quarante ont tiédy,
Ou plustost refroidy le sang acoüardy,
Et que les cheveux blancs des catharres apportent,
Et que les genous froids leur bastiment [2] ne portent,
Et que le front se ride en diverses façons ;
Lors la Muse s'enfuit et nos belles chansons,
Pégase se tarit, et n'y a plus de trace

[1] Inquiet. — [2] C'est-à-dire, le corps.

Qui nous puisse conduire au sommet du Parnasse :
Nos Lauriers sont séchez, et le train de nos vers
Se présente à nos yeux boiteux et de travers :
Tousjours quelque malheur en marchant les retarde,
Et comme par despit la Muse les regarde :
Car l'ame leur défaut [1], la force et la grandeur
Que produisoit le sang en sa première ardeur.

Et pource si quelqu'un désire estre Poëte,
Il faut que sans vieillir estre jeune il souhéte,
Prompt, gaillard, amoureux : car depuis que le temps
Aura dessus sa tête amassé quarante ans,
Ainsi qu'un Rossignol tiendra la bouche close,
Qui près de ses petits sans chanter se repose.

Au Rossignol muet tout semblable je suis,
Qui maintenant un vers desgoiser je ne puis,
Et falloit que des Roys la courtoise largesse,
Alors que tout mon sang bouillonnoit de jeunesse,
Par un riche bien-faict invitast mes escrits
Sans me laisser vieillir sans honneur et sans pris :
Mais Dieu ne l'a voulu, ne la dure Fortune
Qui les poltrons eslève, et les bons importune.

Entre tous les François j'ay seul le plus escrit,
Et jamais Calliope en un cœur ne se prit
Si ardent que le mien, pour célébrer les gestes
De nos Roys, que j'ay mis au nombre des Célestes.
Par mon noble travail ils sont devenus Dieux,
J'ai remply de leurs noms les terres et les Cieux,
Et si de mes labeurs qui honorent la France,
Je ne remporte rien, qu'un rien pour récompense.

---

[1] Manque, fait faute.

LE VERRE[1].

Ceux que la Muse aimera mieux que moy
(Comme un DAVRAT, qui la loge chez soy)
Dessus leur luth qui hautement résonne
Diront en vers de la race BRINONNE
Comme à l'envy les grades et l'honneur,
Digne sujet d'un excellent sonneur[2].
Moy, d'esprit bas qui rampe contre terre,
Diray sans plus les loüanges d'un Verre
Qu'un des BRINONS m'a présenté le jour
Que l'an commence à faire son retour.
O gentil Verre ! oseroy-je bien dire
Combien je t'aime et combien je t'admire ?
Tu es heureux, et plus heureux celuy
Qui t'inventa pour noyer nostre ennuy !

Ceux qui jadis les canons inventèrent,
Et qui d'Enfer le fer nous apportèrent,
Méritoient bien que là bas Rhadamant
Les tourmentast d'un juste chastiment :
Mais l'inventeur, qui d'un esprit agile
Te façonna (fust-ce le grand Virgile,
Ou fust quelque autre, à qui Bacchus avoit
Monstré le sien, où gaillard il beuvoit)
Méritoient bien de bailler en la place
De Ganymède à Jupiter la tasse,
Et que leur Verre aussi transparent qu'eau
Se fist au Ciel un bel Astre nouveau.

---

[1] Brinon avait fait présent à Ronsard d'un beau verre, au premier jour de l'an. — [2] Chanteur, poëte.

Non, ce n'est moy qui blasme Prométhée
D'avoir la flame à Jupiter ostée :
Il fist très-bien : sans le larcin du feu,
Verre gentil, jamais on ne t'eust veu,
Et seulement les fougères ailées
Eussent servy aux sourcières pelées.
Aussi vrayment c'estoit bien la raison
Qu'un feu venant de si noble maison
Comme est le Ciel, fust la cause première,
Verre gentil, de te mettre en lumière,
Toy retenant comme célestiel
Le rond, le creux et la couleur du Ciel :

Toy, dy-je, toy, le joyau délectable
Qui sers les Dieux et les Rois à la table,
Qui aimes mieux en pièces t'en-aller
Qu'à ton Seigneur le poison receler ;
Toy, compagnon de Vénus la joyeuse,
Toy, qui guaris la tristesse espineuse,
Toy, de Bacchus et des Grâces le soin,
Toy, qui l'amy ne laisses au besoin,
Toy, qui dans l'œil nous fais couler le somme,
Toy, qui fais naistre à la teste de l'homme
Un front cornu, toy, qui nous changes, toy,
Qui fais au soir d'un crocheteur un Roy !

Aux cœurs chétifs tu remets l'espérance,
La vérité tu mets en évidence ;
Le laboureur songe par toi, de nuict,
Que de ses champs de fin or est le fruict ;
Et le pescheur, qui ne dort qu'à grand'peine,
Songe par toy que sa nacelle est pleine
De poissons d'or, et le dur bûcheron
Ses fagots d'or, son plant le vigneron.

Mais contemplons de combien tu surpasses,
Verre gentil, ces monstrueuses tasses,
Et fust-ce celle horrible masse d'or
Que le vieillard Gerynean Nestor
Boivoit d'un trait [1], et que nul de la bande
N'eust sçeu lever, tant sa masse estoit grande.

Premièrement devant que les tirer
Hors de la mine, il nous faut deschirer
La Terre mère, et cent fois en une heure
Craindre le heurt d'une voûte mal-seure :
Puis quand cet or par fonte et par marteaux
Laborieux s'arrondist en vaisseaux,
Tout cizelé de fables poëtiques,
Et buriné de médailles antiques,
Père Bacchus! quel plaisir ou quel fruict
Peut-il donner? sinon faire de nuict
Couper la gorge à ceux qui le possèdent,
Ou d'irriter, quand les pères décèdent,
Les héritiers à cent mille procez,
Ou bien à table, après dix mille excez
Lors que le vin sans raison nous délaisse,
Faire casser par sa grosseur espaisse
Le chef de ceux qui naguères amis
Entre les pots deviennent ennemis?
Comme jadis après trop boire firent
Les Lapithios, qui les monstres défirent
Demy-chevaux [2]. Mais toy, Verre joly,
Loin de tout meurtre en te voyant poly,
Net, beau, luisant, tu es plus agréable
Qu'un vaisseau d'or, lour fardeau de la table :
Si tu n'estois aux hommes si commun

[1] Dans l'Iliade. — [2] Les Centaures vaincus par les Lapithes.

Comme tu es, par miracle un chacun
T'estimeroit de plus grande valuë
Qu'un diamant ou qu'une perle esluë.

C'est un plaisir que de voir renfrongné,
 Un grand Cyclope, à l'œuvre embesongné,
Qui te parfait de cendres de fougère,
Et du seul vent de son haleine ouvrière.

Comme l'esprit enclos dans l'Univers
Engendre seul mille genres divers,
Et seul en tout mille espèces diverses,
Au Ciel, en terre, et dans les ondes perses [1] :
Ainsi le vent, par qui tu es formé,
De l'artizan en la bouche enfermé,
Large, petit, creux ou grand te façonne,
Selon l'esprit et le feu qu'il te donne.
Que diray plus ? par espreuve je croy
Que Bacchus fut jadis lavé dans toy,
Lors que sa mère, attainte de la foudre,
En avorta plein de sang et de poudre ;
Et que dès lors quelque reste de feu
Te demeura : car quiconques a beu
Un coup dans toy, tout le temps de sa vie
Plus y reboit, plus a de boire envie,
Et de Bacchus tousjours le feu cruel
Ard [2] son gosier d'un chaud continuel.

Je te salue, heureux Verre, propice
Pour l'amitié et pour le sacrifice.
Quiconque soit l'héritier, qui t'aura,
Quand je mourray, de long temps ne voirra

---

[1] Bleues ; le mot *pers* se disait du bleu qui tire sur le vert. —
[2] Brûle.

Son vin ne gras ne poussé [1] dans sa tonne ;
Et tous les ans il voirra sur l'Autonne
Bacchus luy rire, et plus que ses voisins
Dans son pressoüer gennera de raisins :
Car tu es seul le meilleur héritage
Qui puisse aux miens arriver en partage.

[1] Aigri.

ÉGLOGUES [1].

I

ORLÉANTIN, ANGELOT, NAVARRIN GUISIN ET MARGOT [2].

ORLÉANTIN COMMENCE.

Puis que le lieu, le temps, la saison, et l'envie
Qui s'eschaufe d'Amour, à chanter nous convie,
Chanton donques, Bergers, et en mille façons
A ces vertes forests apprenon nos chansons.
Icy de cent couleurs s'esmaille la prairie,
Icy la tendre vigne aux ormeaux se marie,
Icy l'ombrage frais va les feuilles mouvant,

---

[1] Sous ce titre, Ronsard a composé un certain nombre de pièces, destinées, la plupart, à célébrer des solennités de circonstance, des noces, des naissances, des funérailles. Toutefois, on y rencontre çà et là d'agréables descriptions de la vie champêtre; nous en citerons quelques-unes.— [2] Ce sont les ducs d'Orléans et d'Anjou, le roi de Navarre, Henri de Guise et madame Marguerite, duchesse de Savoie.

Errantes çà et là sous l'haleine du vent :
Icy de pré en pré les soigneuses avettes
Vont baissant et succant les odeurs des fleurettes :
Icy le gazoüillis enroüé des ruisseaux
S'accorde doucement aux plaintes des oiseaux :
Icy entre les pins les Zéphyres s'entendent.

Nos flûtes cependant trop paresseuses pendent
A nos cols endormis, et semble que ce temps
Soit à nous un Hyver, aux autres un Printemps.

Sus donques en cet antre ou dessous cet ombrage
Disons une chanson : quant à ma part je gage,
Pour le prix de celuy qui chantera le mieux,
Un Cerf apprivoisé qui me suit en tous lieux.

Je le desrobay jeune au fond d'une vallée
A sa mère au dos peint d'une peau martelée [1]
Et le nourry si bien, que souvent le grattant,
Le chatoüillant, touchant, le peignant, et flatant,
Tantost auprès d'une eau, tantost sur la verdure,
En douce je tournay sa sauvage nature.

Je l'ai tousjours gardé pour ma belle Thoinon,
Laquelle en ma faveur l'appelle de mon nom :
Tantost elle le baise, et de fleurs odoreuses
Environne son front et ses cornes rameuses,
Et tantost son beau col elle vient enfermer
D'un carquan enrichy de coquilles de mer,
D'où pend la croche dent d'un sanglier [2] qui ressemble
En rondeur le Croissant qui se rejoint ensemble.
Il va seul et pensif où son pied le conduit :

---

[1] Tachetée. — [2] Ce mot est encore de deux syllabes dans Molière.

ÉGLOGUES.

Maintenant, des forests les ombrages il suit,
Ou se mire dans l'eau d'une source moussuë,
Ou s'endort sous le creux d'une roche bossuë.
Puis il retourne au soir, et gaillard, prend du pain
Tantost dessus la table et tantost en ma main,
Saute à l'entour de moy, et de sa corne essaye
De cosser[2] brusquement mon mastin qui l'abaye,
Fait bruire son cléron[3], puis il se va coucher
Au giron de Thoinon qui l'estime si cher.
Il souffre que sa main le chevestre[4] luy mette,
Faict à houpe de soye et à mainte sonnette :
Dessus son dos privé met[5] le bast embourré
De fougère et de mousse, et d'un cœur asseuré,
Sans crainte de tomber, le tient par une corne
D'une main, et de l'autre, en cent façons elle orne
Sa croupe de bouquets et de petits rameaux ;
Puis le conduit au soir à la fraischeur des eaux,
Et de sa blanche main seule luy donne à boire.
Or quiconques aura l'honneur de la victoire,
Sera maistre du Cerf, bien-heureux et contant
De donner à sa mie un présent qui vaut tant.

ANGELOT.

Je gage mon grand Bouc, qui par mont et par plaine
Conduit seul un troupeau comme un grand Capitaine ;
Il est fort et hardy, corpulent et puissant,
Brusque, prompt, éveillé, sautant et bondissant,
Qui gratte en se joüant de l'ergot de derrière
(Regardant les passans) sa barbe mentonnière.

---

[1] Heurter ; *coniscare*. — [2] Voix du cerf qui brame. — [3] Licol ; *capistrum*. — [4] Sous-entendu *elle*, Thoinon.

Il a le front sévère et le pas mesuré,
La contenance fière et l'œil bien asseuré ;
Il ne doute¹ les loups, tant soient-ils redoutables,
Ny les mastins armez de colliers effroyables,
Mais planté sur le haut d'un rocher espineux
Les regarde passer et si² se mocque d'eux.

Son front est remparé³ de quatre grandes cornes ;
Les deux proches des yeux sont droites comme bornes
Qu'un père de famille eslève sur le bord
De son champ qui estoit n'aguères en discord ;
Les deux autres qui sont prochaines des aureilles
En douze ou quinze plis se courbent à merveilles
D'un entorse ridée, et en tournant s'en vont
Cacher dessous le poil qui luy prend sur le front.

Dès la poincte du jour, ce grand Bouc qui sommeille
N'attend que le Pasteur son troupelet réveille,
Mais il fait un grand bruit dedans l'estable ; et puis
En poussant le crouillet⁴, de sa corne ouvre l'huis,
Et guide les chévreaux, qu'à grands pas il devance
Comme de la longueur d'une moyenne lance,
Puis les rameine au soir à pas contez et lons,
Faisant sous ses ergots poudroyer les sablons.

Jamais en nul combat n'a perdu la bataille,
Ruzé dès sa jeunesse, en quelque part qu'il aille,
D'emporter la victoire : aussi les autres boucs
Ont crainte de sa corne, et le révèrent tous.
Je le gage pourtant : voy comme il se regarde,
Il vaut mieux que le Cerf que ta Thoinon te garde.

---

¹ Redoute, craint. — ² Ainsi; sic. — ³ Muni, armé. — ⁴ Loquet.

ÉGLOGUES.

NAVARIN.

J'ay dans ma gibbecière un vaisseau fait au tour,
De racine de buis, dont les anses d'autour
D'artifice excellent de mesme bois sont faites,
Où maintes choses sont diversement portraites.

Presque tout au milieu du gobelet est peint
Un Satyre cornu, qui de ses bras estreint
Tout au travers du corps une jeune Bergère,
Et la veut faire choir dessous une fougère.
Son couvrechef luy tombe, et a de toutes pars
A l'abandon du vent ses beaux cheveux épars :
Dont elle courroucée, ardante en son courage,
Tourne loin du Satyre arrière le visage
Essayant d'eschapper, et de la dextre main
Luy arrache le poil du menton et du sein,
Et luy froisse le nez de l'autre main senestre,
Mais en vain ; car tousjours le Satyre est le maistre.

Trois petits enfans nuds de jambes et de bras,
Taillez au naturel, tous potelez et gras
Sont gravez à l'entour : l'un par vive entreprise
Veut faire abandonner au Satyre sa prise,
Et d'une infante [1] main par deux et par trois fois
Prend celle du bouquin, et luy ouvre les doits.

L'autre enflé de courroux, d'une dent bien aiguë,
Mort ce Dieu ravisseur, par la cuisse peluë,
Se tient contre sa gréve [2], et si fort l'a mordu
Que le sang sur la jambe est par tout descendu,

[1] Enfantine. — [2] Jambe.

Faisant signe du pouce à l'autre enfant qu'il vienne,
Et que par l'autre cuisse à belles dents le tienne :
Mais luy tout refrongné, pour-néant supplié,
Se tire à dos courbé une espine du pié,
Assis sur un gazon de verte pimpernelle,
Sans se donner soucy de l'autre qui l'appelle.

Une génisse auprès luy pend sur le talon,
Qui regarde tirer le poignant aiguillon
De l'espine cachée au fond de la chair vive,
Et toute est tellement à ce fait ententive [1]
Que béante elle oublie à boire et à manger :
Tant elle prend plaisir à ce petit berger,
Qui en grinçant les dents tire à la fin l'espine,
Et tombe de douleur renversé sur l'eschine.

Un houbelon [2] rampant à bras longs et retors,
De ce creux gobelet passemente les bors,
Et court en se pliant l'entour de l'ouvrage :
Tel qu'il est toutefois, je le mets pour mon gage.

GUISIN.

Je mets une houlette en lieu de ton vaisseau.
L'autre jour que j'étois assis près d'un ruisseau,
Radoubant ma musette avecque mon alesne,
Je vy dessur le bord le tige d'un beau fresne
Droit, sans nœuds, et sans plis : lors me levant soudain
J'empoignay d'allégresse un goy [3] dedans la main,
Puis coupant par le pied le tige armé d'escorce,
Je le fis chanceler et trébucher à force
Dessur le pré voisin, estendu de son long :

[1] Attentive. — [2] Espèce de saule. — [3] Serpette.

En quatre gros quartiers j'en fis sier le tronc,
Au Soleil je seichay sa verdeur consumée,
Puis j'endurcy le bois pendu à la fumée.

A la fin, le baillant à Jean, ce bon ouvrier
M'en fist une houlette, et si n'y a chévrier
Ny Berger en ce bois, qui ne donnast pour elle
La valeur d'un taureau, tant elle semble belle :
Elle a par artifice un million de nouds,
Pour mieux tenir la main, tous marquetez de clous;
Et afin que son pied ne se gaste à la terre :
Un cercle faict d'airain de tous costez le serre :
Une poincte de fer le bout du pied soustient,
Rempart de la houlette, où le Pasteur se tient
Dessur la jambe gauche, et du haut il appuye
Sa main, quand d'entonner sa lourette [1] si s'ennuye :
L'anse est faite de cuivre, et le haut de fer blanc
Un peu long et courbé, où pourroient bien de rang [2]
Deux mottes pour jetter au troupeau qui s'égare,
Tant le fer est creusé d'un artifice rare.

Une Nymphe y est peinte, ouvrage nompareil,
Essuyant ses cheveux aux rayons du Soleil,
Qui deçà qui delà dessur le col luy pendent,
Et dessur la houlette à petits flots descendent.

Elle fait d'une main semblant de ramasser
Ceux du costé senestre [3] et de les retrousser
En frisons sur l'aureille, et de l'autre elle allonge
Ceux du dextre costé mignotez [4] d'une esponge
Et tirez fil à fil, faisant entre ses doits

---

[1] Petite musette; *loure*, *lyra*. — [2] Ensemble, à la fois. — [3] Gauche; *sinister*. — [4] Caressés, lissés, ajustés.

Sortir en pressurant l'escume sur le bois.

Aux pieds de ceste Nymphe est un garçon qui semble
Cueillir des brins de jonc, et les lier ensemble
De long et de travers, courbé sur le genou :
Il les presse du pouce et les serre d'un noud,
Puis il fait entre-deux des espaces égales,
Façonnant une cage à mettre des cigales.
Loin, derrière son dos, est gisante à l'escart
Sa panetière enflée, en laquelle un regnard
Met le nez finement, et d'une ruze estrange
Trouve le déjeuner du garçon et le mange,
Dont l'enfant s'apperçoit sans estre courroucé ;
Tant il est ententif à l'œuvre commencé.

Si mettrai-je, pourtant une telle houlette,
Que j'estime en valeur autant qu'une musette.

MARGOT.

Je mettray, pour celuy qui gaignera le prix,
Un merle qu'à la glus en nos forests je pris :
Puis vous diray comment il fut serf de ma cage,
Et comme il oublia son naturel ramage.

Un jour en l'escoutant siffler dedans ce bois
J'eu plaisir de son vol et plaisir de sa vois,
Et de sa robbe noire, et de son bec qui semble
Estre peint de safran, tant jaune il lui ressemble :
Et pource j'espiay l'endroit où il buvoit,
Quand, au plus chaud du jour, ses plumes il lavoit.

Or en semant le bord de vergettes gluées,
Où les premières eaux du vent sont remuées,

Je me cachay sous l'herbe au pied d'un arbrisseau,
Attendant que la soif feroit venir l'oiseau.
Aussi tost que le chaud eut la terre enflamée,
Et que les bois fueilluz, hérissez de ramée,
N'empeschoîent que l'ardeur des rayons les plus chaux
Ne vinssent altérer le cœur des animaux,
Ce merle ouvrant la gorge, et laissant l'aile pendre,
Matté d'ardente soif, en volant vint descendre
Dessus le bord glué, et comme il allongeoit
Le col pour s'abreuver (pauvret qui ne songeoit
Qu'à prendre son plaisir!) se voit outre coustume
Engluer tout le col et puis toute la plume,
Si bien qu'il ne faisoit, en lieu de s'en-voler
Sinon à petits bonds, sur le bord sauteler.
Incontinent je cours, et prompte luy desrobbe
Sa douce liberté, le cachant sous ma robbe :
Puis repliant d'osier un petit labyrint,
Pour son buisson natal, prisonnier il devint
De ma cage, et depuis, fust le Soleil sous l'onde,
Fust qu'il monstrast au jour sa belle tresse blonde,
Fust au plus chaud Midy, alors que nos troupeaux
Estoient en remaschant couchez sous les ormeaux,
Si bien je le veillay parlant à son aureille,
Qu'en moins de quinze jours il fut une merveille ;
Et luy fis oublier sa rustique chanson,
Pour retenir par cœur mainte belle leçon,
Toute pleine d'Amour : j'ay souvenance d'une ;
Bien que l'invention en soit assez commune,
Je la diray pourtant : car par là se verra
Si l'oiseau sera cher à celuy qui l'aura.

« XANDRIN mon doux soucy, mon OEillet et ma Rose,
« Qui peux de mes troupeaux et de moy disposer,
« Le soleil tous les soirs dedans l'eau se repose !

« Mais Margot pour t'amour ne sçauroit reposer. »

Il en sçait mille encore et mille de plus belles
Qu'il escoute en ces bois chanter aux pastourelles :
Car il apprend par cœur tout cela qu'il entend,
Et bien qu'il me soit cher, je le gage pourtant.

-o II o-

LES PASTEURS [1].

ALUYOT ET FRESNET. [2]

ALUYOT.

Paissez, douces brebis, paissez ceste herbe tendre,
Ne pardonnez aux fleurs : vous n'en sçauriez tant prendre
Par l'espace d'un jour, que la nuit ensuyvant,
Humide, n'en produise autant qu'au-paravant.
De là vous deviendrez plus grasses, et plus belles,
L'abondance de laict enflera vos mammelles,
Et suffirez assez pour nourrir vos aigneaux,
Et pour faire en tout temps des fromages nouveaux.

Et toy, mon chien Harpaut, seure et fidelle garde
De mon troupeau camus, lève l'œil et pren garde
Que je ne sois pillé par les loups d'alentour.
Ce-pendant qu'en ce bois je me plaindray d'Amour.

Or-sus, mon ALUYOT, allon, je te supplie,

---

[1] Cette pièce est pleine de réminiscences et d'imitations des Bucoliques de Virgile. — [2] Ce sont MM. d'Aluye et de Fresne, conseillers d'état.

Soulager en chantant le soin qui nous ennuye,
Allon chercher le frais de cet antre moussu,
Creusé dedans le flanc de ce tertre bossu :
Et là nous souvenans de nos chères amies,
Qui sont de nos langueurs doucement ennemies,
Tous deux en devisant par ordre nous dirons
Nos plaintes aux rochers qui sont aux environs,
Afin que quelque vent rapporte à leurs oreilles
Les soucis que nous font leurs beautez nompareilles.

Nous sommes arrivez dedans l'antre sacré :
Je m'en vay le premier (s' ainsi[1] te vient à gré)
Te chanter ma complainte : ayant ouy la mienne,
Secondant ma douleur, tu me diras la tienne.

FRESNET.

. . . .

C'est grand cas que d'aimer ! une amoureuse playe
Ne se guarist jamais pour chose qu'on essaye :
Plus on la veut guarir, et plus le souvenir
La fait tousjours plus vive en nos cœurs revenir.

J'ay beau me promener au travers d'un bocage,
J'ay beau paistre mes bœufs le long d'un beau rivage,
J'ay beau voir le Printemps, âme des arbrisseaux,
Ouïr les Rossignols, gazoüiller les ruisseaux,
Et voir, entre les fleurs, par les herbes menuës,
Sauter les aignelets sous leurs mères cornuës,
Voir les boucs se choquer, et tout le long du jour
Voir les béliers jaloux se battre pour l'amour.

[1] Si ainsi.

Ce plaisir toutefois, non plus ne me contente,
Que si du froid Hyver la sifflante tourmente
Avoit terni les champs, et en mille façons
Rué¹ dessus les fleurs la neige et les glaçons,
Et que le sainct troupeau de cent Nymphes compaignes
Ne vinssent plus de nuict danser en nos montaignes.

Bien que mon parc foisonne en vaches et taureaux,
Et que sous ma faveur vivent cent pastoureaux
Qui sçavent tous joüer des douces cornemuses,
Les mignons d'Apollon, de Mercure et des Muses;
Bien que mon doux flageol, sur tous le mieux appris,
Quand il me plaist chanter, seul emporte le prix;
Bien qu'en nulle saison le doux laict ne me faille²;
(L'une part devient cresme et l'autre part se caille,
L'autre devient fromage, un mol, l'autre seiché,
Le mol est pour manger, le sec pour le marché);

Et bien que mes brebis ne soient jamais brehaignes³,
Bien que mille troupeaux beslent par mes campaignes,
Je voudrois n'avoir rien, Marion, sinon toy
Que je voudrois pour femme en mon antre chez moy,
Et parmi les forests, loin d'honneur et d'envie,
User, en te baisant, le reste de ma vie.

L'orage est dangereux aux herbes et aux fleurs,
La froideur de l'Automne aux raisins qui sont meurs,
Les vents aux bleds de May : mais l'absence amoureuse
A l'amant qui espère est tousjours dangereuse.

J'ai pour maison un antre en un rocher ouvert,
De lambruthe sauvage et d'hierré⁴ couvert,

---

¹ Fait tomber ; *ruere*.— ² Manque.— ³ Stériles.— ⁴ Lierré ; *hedera*.

Qui deçà qui delà leurs grands branches espandent,
Et droit sur le milieu de la porte les pendent.

Un meslier [1] noüailleux [2] ombrage le portail,
Où, sans crainte du chaud, remasche [3] mon bestail :
Du pied naist un ruisseau dont le bruit délectable
S'enroue entre-cassé du cailloux et du sable,
Puis au travers d'un pré serpentant de maint tour,
Arrouse doucement le lieu de mon séjour.
De là tu pourras voir Paris la grande ville,
Où de mes pastoureaux la brigade gentille
Porte vendre au marché ce dont je n'ay besoing,
Et tousjours argent frais leur sonne dans le poing.

Là s'il te plaist venir tu seras la maistresse ;
Tu me seras mon tout, ma Nymphe et ma Déesse ;
Nous vivrons et mourrons ensemble, et tous les jours,
Vieillissans, nous verrons rajeunir nos amours.
Tous deux nous estendrons dessous un mesme ombrage,
Tous deux nous mènerons nos bœufs en pasturage
Dès la poincte du jour, les ramenant au soir
Quand le soleil tombant en l'eau se laisse choir :
Tous deux les mènerons quand le soleil se couche,
Et quand de bon matin il sort hors de sa couche :
A toute heure, en tous lieux, ensemble nous irons,
Et dessous mesme loge ensemble dormirons.
Puis au plus chaud du jour estans couchez à l'ombre,
Après avoir conté de nos troupeaux le nombre,
Pour chasser le sommeil je dirai des chansons
Que pour toy je compose en diverses façons.

Alors toy doucement sur mes genoux assise,

---

[1] Néflier. — [2] Noüeux. — [3] Rumine.

Maintenant tu ferois, d'une douce feintise,
Semblant de sommeiller, maintenant tu ferois
Semblant de t'éveiller, puis tu me baiserois,
Et presserois mon col de tes bras, en la sorte
Qu'un orme est enlacé d'une vigne bien forte :
Maintenant tu romprois mon chant, de ton baiser ;
Maintenant tu voudrois ton ardeur appaiser
En m'ostant le flageol hors de la lèvre mienne,
Pour y mettre en son lieu le coural[1] de la tienne ;
Puis me rebaiserois, et me voulant flater
Tu voudrois quelquefois avecque moy chanter,
Quelquefois toute seule, et comme languissante
Je te verrois mourir en mes bras pallissante,
Puis te résusciter, puis me faire mourir,
Puis d'un petit sou-ris me venir secourir,
Puis en mille façons, de tes lèvres vermeilles,
Me re-succer les yeux, la bouche, et les aureilles,
Et coup sur coup jetter des pommes sur mon sein,
Que j'aurois et d'œillets et de roses tout plein,
Pour rejetter au tien, qui maintenant pommelle
Comme fait au Printemps une pomme nouvelle ;
Sein où logeoit Amour, qui le trait me tira
Au cœur, qui autre nom depuis ne souspira
Que le tien, Marion : tesmoin en est ce chesne,
Où ces vers l'autre jour j'engravay d'une alesne :

« Les ondes refuiront contremont les ruisseaux,
« Sans fueilles au Printemps seront les arbrisseaux,
« Vénus sera sans torche, et Amour sans sagette,
« Quand le Pasteur Fresnet oubli'ra Mariette. »

Sus, troupeau, délogeon ; j'ay, d'esclisse[2] et d'osier,

---

[1] Corail. — [2] Jonc fendu et préparé pour les vanniers.

Achevant ma chanson, achevé mon panier.
Voici la nuit qui vient, il me faut mener boire
Mon grand bouc escorné qui a la barbe noire.

Or adieu, Marion, ma chanson et le jour :
Le jour me laisse bien, mais non pas ton amour.

Ainsi disoit Fresnet : Aluyot, au contraire,
Pour l'amour de sa Dame une chanson va faire.

ALUYOT.

Ma Janette, mon cœur, dont je n'ose approcher
Tant les yeux sont ardans, plus polie à toucher
Que la plume d'un Cygne, et plus fresche et plus belle
Que n'est au mois d'Avril une rose nouvelle ;
Plus douce que le miel, plus blanche que le lait,
Plus vermeille en couleur que le teint d'un œillet :
Voicy (il m'en souvient) le mois et la journée
(O douce souvenance, heureuse et fortunée !)
Où premier [1] je te vey peigner tes beaux cheveux,
Ainçois filets dorez, mes liens et mes nœuds :
Je vy de sa main propre Amour les mettre en ordre,
Et filet à filet en deux tresses les tordre :
J'en coupay les plus blonds et les plus crespelets :
Les tournant en cordons, j'en fy des brasselets
Que je porte à mes bras, signe que tu tiens prise
En tes crespes cheveux mon cœur et ma franchise :
Je les garde bien cher, car en nulle saison
Je ne veux eschapper de si belle prison.
Mainte fille, en voyant ma face jeune et tendre,
Où la barbe commence encores à s'estendre,

[1] D'abord ; *primò*.

M'a choisi pour amy : hier mesme Margot
Qui fait sauter ses bœufs au son du larigot [1],
(Tu la cognois, Janette?), envoya Jaqueline
Vers moy, pour me donner de sa part un beau Cygne,
Et me dist : « Ceste-là qui te donne cecy,
Avecque son présent à toy se donne aussi :
Pren son présent et elle ; assez elle mérite,
Ayant les yeux si beaux, d'estre ta favorite. »

Mais je la refusay : car plustost que d'aimer
Autre que toy, mon cœur, douce sera la mer,
Le doux miel coulera de l'escorce d'un Fresne,
Et les roses croistront sur les branches d'un Chesne,
Les buissons porteront les œillets rougissans,
Et les halliers ronceux les beaux lis blanchissans,
D'autant que du Printemps la plaisante verdure
Est plus douce aux troupeaux que la triste froidure,
D'autant qu'un arbre enté rend un jardin plus beau
Que le tige espineux d'un rude sauvageau ;
D'autant qu'un Olivier surpasse en la campagne
D'un saule pallissant la perruque-brehagne [2],
Et d'autant qu'au matin la belle Aube qui luit
Surmonte de clarté les ombres de la nuict ;
D'autant, ma Janeton, dessur toute pucelle
Tu sembles à mes yeux plus gentille et plus belle :
Ces Houx m'en sont tesmoins, et ces Pins que tu vois
Surmonter en hauteur la cyme de ces bois,
Où m'esbatant un jour j'engravay sur l'escorce
D'un chesne non ridé cest Épigramme à force :

« Quand Aluyot vivra sans aimer Janeton,
« Le Bouc se vestira de la peau d'un Mouton,

---

[1] Fifre. — [2] Le feuillage stérile.

« Et le Mouton prendra la robbe d'une Chèvre,
« Et aura comme un Bouc barbe dessous la lèvre. »

J'ay l'âme toute esmeuë et le cœur tout ravi,
Quand je pense en ce jour, où premier je te vy
Porter un beau panier (ainsi qu'une Bergère),
Allant cueillir des fleurs au jardin de ma mère :
Si tost que je te vy, si tost je fu déçeu,
Je me perdi moy-mesme, et depuis je n'ay sçeu
Soulager ma douleur ; tant l'amoureuse flame
Descendant jusqu'au cœur m'avoit embrasé l'âme.
Tu avois tes cheveux sans ordre, deliez,
Frisez, crespez, retors, primes et déliez
Comme filet de soye ; et de houpes garnie,
Te pendoit aux talons ta belle souquenie[1].
Ta sœur alloit après, j'allois après aussi :
Et comme je voulois te conter mon souci,
Las ! je m'esvanoüy, et l'amoureux martyre
Qui me pressoit le cœur ne me laissa rien dire.

A la fin revenu de telle pasmoison,
Le boüillant appétit surmonta la raison,
Je te contay mon mal : mais toy sans estre attainte
De ma triste douleur, te moquas de ma plainte.

Or comme tu cueillois une fleur de ta main,
Par feintise, un bouquet te tomba de ton sein
(Où mainte fleur estoit l'une à l'autre arrengée)
Lié de tes cheveux et de soye orengée :
Je l'amasse et l'attache au bord de mon chapeau,
Et bien qu'il soit fany, tousjours me semble beau,
Comme ayant la couleur de ma face blesmie,

[1] Espèce de jupe, souquenille.

Qui, maugré mon Printemps, se flestrist pour m'amie.

Ainsi que je pleurois pour mon mal appaiser,
Tu sautes à mon col me donnant un baiser
(Ha je meurs quand j'y pense!) et de ta bouche pleine
De roses, me versas en l'âme ton haleine.
Ce doux baiser passa (dont j'ay vescu depuis)
Soudain de nerfs en nerfs, de conduis en conduis,
De veine en veine après, de moüelle en moüelle,,
M'allumant tout le sang, d'une chaleur nouvelle :
Si bien qu'en toutes pars, en toute place et lieux
J'ay tousjours ton baiser au devant de mes yeux :
J'en sens tousjours l'haleine, et depuis ma Musette
N'a peu chanter sinon le baiser de Janette.

Douce est du Rossignol la rustique chanson,
Et celle du Linot et celle du Pinçon ;
Doux est d'un clair ruisseau le sautelant murmure ;
Bien doux est le sommeil sur la jeune verdure ;
Mais plus douce est ma flûte, et les vers que de toy
Je chante dessous l'ombre assise auprès de moy.

J'ay tousjours dans mon antre une belle fontaine ;
De roses est mon lict ; ma place est toute pleine
De toisons de brebis, que le vent fit broncher[1]
L'autre jour contre-bas du faiste d'un rocher.

De l'ardeur du Soleil autant je me soucie,
Qu'un amant enchanté des beautez de s'amie
Se soucie d'ouïr son père le tanser :
Car Amour ne le fait qu'en sa Dame penser.
Autant qu'on peut songer, en dormant, de richesses,

[1] Tomber.

Autant j'ay de troupeaux : sur leurs toisons espesses
En Hyver je m'endors, sans me donner esmoy
Du froid : car la froideur ne vient pas jusqu'à moy.

Mais ce-pendant qu'en vain je chante ma Janette,
Vesper reluit au Ciel d'une clarté brunette ;
Le temps coule si tost que je ne le sens point ;
Le Soleil est couché : mais l'ardeur qui me poingt [1]
Ne se couche jamais, et jamais ne s'alente [2]
(Donnant trêve à mon cœur), tant elle est violente.
Remède contre Amour je ne sçaurois trouver,
Voire eussé-je avallé tous les torrens d'Hyver,
Et beu tous les glaçons des montaignes Rifées,
Tant j'ay de sa chaleur les veines eschaufées.
Je ne puis qu'en chantant ma douleur contenter :
Par la langue mon cœur peut son mal enchanter.

La Cigale se plaist du chant de la Cigale,
Et pasteur, j'aime bien la chanson pastorale :
L'aigneau suit l'herbe courte, et le doux Chèvrefueil
Est suivi de la Chèvre, et le bois du Chevreil :
Chacun suit son désir, et j'aime ma Musette
Pour y chanter dessus les amours de Janette.

Or adieu, Janeton, le jour et ma chanson :
D'un ruisseau murmurant si plaisant n'est le son,
Le sommeil n'est si doux, ny les tendres fleurettes
Du Printemps ne sont point si douces aux Avettes
Que les vers me sont doux, voire autant que tes yeux
Qui font tousjours Amour de moy victorieux.

[1] Pique, tourmente ; *pungere.* — [2] Se ralentit.

ÉLÉGIES [1].

—o I o—

Hier, quand bouche à bouche assis auprès de vous
Je contemplois vos yeux si cruels et si dous,
Dont Amour fit le coup qui me rend fantastique [2];
Vous demandiez pourquoy j'estois mélancolique,
Et que toutes les fois que me verriez ainsi,
Vouliez sçavoir le mal que causoit mon souci,

[1] Les *mascarades*, *combats* et *cartels*, composés par Ronsard pour divertir la cour dans les ballets et les tournois, ont aujourd'hui perdu tout l'intérêt qu'elles empruntaient de la circonstance. Nous passerons donc aux *élégies*, où l'on voit figurer une nouvelle maîtresse du nom de *Genèvre*. Selon les uns, cette Genèvre serait tout simplement *la femme du concierge de la geôle de Saint-Marcel;* selon d'autres elle serait la femme du célèbre et infatigable traducteur Blaise de Vigenère. — [2] Insensé, fou.

Or, afin qu'une fois pour toutes, je vous die
La seule occasion de telle maladie,
Lisez ces vers, Madame, et vous verrez comment
Et pourquoy je me deuls d'Amour incessamment.

Quand je suis près de vous, en vous voyant si belle,
Et vos cheveux frisez d'une crespe cautelle,
Qui vous servent d'un reth, où vous pourriez lier
Seulement d'un filet un Scythe le plus fier;
Et voyant vostre front et vostre œil qui ressemble
Le Ciel quand ses beaux feux reluisent tous ensemble,
Et voyant vostre teint où les plus belles fleurs
Perdroient le plus naïf de leurs vives couleurs,
Et voyant vostre ris et vostre belle bouche
Qu'Amour baise tout seul, car autre ne la touche :
Bref, voyant votre port, vostre grace et beauté,
Vostre fière douceur, vostre humble cruauté,
Et voyant d'autre part que je ne puis attaindre
A vos perfections, j'ay cause de me plaindre,
D'estre mélancolique, et de porter au front
Les maux que vos beaux yeux si doucement me font.

J'ay peur que vostre amour par le temps ne s'éfface,
Je doute qu'un plus grand ne gaigne vostre grace,
J'ay peur que quelque Dieu ne vous emporte aux Cieux :
Je suis jaloux de moy, de mon cœur, de mes yeux,
De mon corps, de mon ombre, et mon âme est esprise
De frayeur, si quelqu'un avecques vous devise.

Je ressemble aux serpens, qui gardent les vergers
Où sont les Pommes d'or : si quelques passagers
Approchent du jardin, ces serpens les bannissent,
Bien que d'un si beau fruit eux-mesmes ne jouissent...

. . . .

II

A GENÈVRE.

. . . .
Amour impatient qui cause mes regrets,
Toute nuit sur mon cœur aiguise tous ses traits,
M'aiguillonne, me poingt, me pique et me tourmente,
Et ta jeune beauté tousjours me représente.

Mais si tost que le Coq planté dessur un pau [1]
A trois fois salüé le beau Soleil nouveau,
Je m'habille, et m'en-vois où le desir me meine
Par les prés non frayez de nulle trace humaine,
Et là je ne vois fleur ny herbe ny bouton,
Qui ne me ramentoive [2], ores [3] ton beau teton,
Et ores tes beaux yeux en qui Amour se jouë,
Ores ta belle bouche, ores ta belle jouë.

Puis foulant la rosée, en pensant je m'en-vois
Trouver quelque Genèvre [3] au beau milieu d'un bois,
Où, loin de toutes gens, je me couche à l'ombrage
De cest arbre grené dont l'ombre me soulage :
Je l'embrasse et le baise, et l'arraisonne [4] ainsi,
Comme s'il entendoit ma peine et mon souci :

« Genèvre, qui le nom de ma Maistresse portes,
Au moins je te suppli' que tu me reconfortes
Couché sous tes rameaux, puis qu'absent je ne puis
Ny baiser ny revoir la Dame à qui je suis.

[1] Picu ; *palus*. — [2] Rappelle. — [3] Tantôt. — [4] Genévrier. — [5] L'interpelle.

ÉLÉGIES.

Je te puis assurer que l'arbre de Thessale,
De Phœbus tant chéry, n'aura loüange égale
A la tienne amoureuse, et mes escrits feront
Que les Genèvres verds les Lauriers passeront.

« Or sus embrasse-moy, ou bien que je t'embrasse,
Abaisse un peu ta cyme à fin que j'entrelasse
Mes bras à tes rameaux, et que cent mille fois
Je baise ton escorce et embrasse ton bois.

« Jamais du bûcheron la pénible coignée
A te couper le pied ne soit embesongnée !
Jamais tes verds rameaux ne sentent nul meschef[1]
Tousjours l'ire du Ciel s'eslongne de ton chef,
Foudres, gresles et pluye ; et jamais la froidure
Qui éfueille les bois n'éfueille ta verdure !
Tous les Dieux forestiers, les Faunes et les Pans
Te puissent honorer de bouquets tous les ans,
De guirlandes de fleurs, et leur bande cornuë
Face tousjours honneur à ta plante cognuë,

« A l'entour de ton pied, soit de jour, soit de nuit,
Un petit ruisselet caquette d'un doux bruit,
Murmurant ton beau nom par ses rives sacrées ;
Où les Nymphes des bois et les Nymphes des prées
Couvertes de bouquets y puissent tous les jours,
En dansant main à main, te conter mes amours,
Pour les bailler en garde, en faisant leurs caroles[2]
A la Nymphe des bois qui se paist de paroles. »

Ainsi je parle à l'arbre, et puis en le baisant
Et rebaisant encor' je luy voy redisant :

[1] Mésaventure, malheur. — [2] Danses ; d'où l'on a fait *carrousel*.

« Genèvre bien-aimé, certes je te ressemble ;
Avec toy le Destin sympathisant m'assemble :
Ta cyme est toute verte, et mes pensers tous vers
Ne meurissent jamais : sur le Printemps, tu sers
A percher les oiseaux, et l'Amour qui me cherche,
Ainsi qu'un jeune oiseau, dessur mon cœur se perche :
Ton chef est hérissé, poignant est mon souci :
Ta racine est amère, et mon mal l'est aussi :
Ta graine est toute ronde, et mon amour est ronde,
Constante en fermeté qui toute en elle abonde :
Ton escorce est bien dure, et dur aussi je suis
A supporter d'amour la peine et les ennuis.
Tu parfumes les champs de ton odeur prochaine,
Et d'une bonne odeur m'amour[1] est toute pleine :
Tu vis dedans les bois, et bocager je vy
Solitaire et tout seul, si je ne suis suivy
D'Amour qui m'accompagne, et jamais ne me laisse
Sans me représenter nostre belle Maistresse :
Nostre, car elle est mienne et tienne : puis je croy
Que tu languis pour elle aussi bien comme moy. »

Ainsi je parle à l'arbre, et luy, branlant la cyme,
Fait semblant de m'entendre, de d'apprendre ma ryme :
Puis la rechante aux vents, et se dit bien-heureux
D'estre honoré du nom dont je suis amoureux.

. . . .

‑o III[2] o‑

. . . .

O Dieux ! j'aimerois mieux, si j'estois Roy d'Asie,

[1] Mon amour. — [2] Un des parents de Ronsard lui avait enlevé sa maitresse : de là l'élégie suivante, dont nous ne donnons que des extraits.

Que la guerre m'ostast mon Sceptre que m'amie.
L'homme vit aisément en ce mortel séjour
Sans avoir un Royaume, et non pas sans amour,
Amour qui est la vie et des Dieux et des hommes.
Que sert d'amonceler les thrésors à grand's sommes,
Estre Prince, estre Roy, sans prendre le doux fruict
D'une jeune Maistresse en ses bras toute nuict?
Ah! le jour et la nuict viennent pleins de tristesse,
A celuy, fust-il Dieu, qui languit sans Maistresse.
Las! si quelque voleur ou pirate de mer
Faisant en ce païs ses galères ramer,
M'avoit osté la mienne, ou quelque estrange [1] Prince,
Patience forcée il faudroit que je prinse,
Et ne me chauldroit point [2] de pleurer sur le bord,
Faisant maugré moy place à la rigueur du Sort :
Voyant flotter la nef, j'accuserois Fortune,
Qui me seroit (peut-estre) avec mille commune :
Mais un parent me l'oste. ô fière cruauté !
Jamais entre parens n'habita loyauté.

. . . .

Mon Dieu! que sert d'aimer à la Cour ces Princesses?
Jamais telle grandeur n'apporte que tristesses,
Que noises, que débats : il faut aller de nuit,
Il faut craindre un mari ; toute chose leur nuit,
Puis pour leur récompense, ils ne reçoivent d'elles
Que le mesme plaisir des simples Damoiselles.
Ils n'ont pas le tetin ny l'embonpoinct meilleur,
Ny les cheveux plus beaux, ny plus belle couleur,
Ny, quand on vient au poinct, les grâces plus friandes.

Il n'est (ce disent-ils) que d'aimer choses grandes,

---

[1] Etranger. — [2] Il ne m'importerait pas; du verbe *chaloir*.

Que d'aimer en grand lieu. Périsse la Grandeur,
Qui tousjours s'accompaigne et de crainte et de peur !
Le jeune Dorylas en donne expérience,
Qui pour aimer trop haut n'eut jamais patience,
Malheureux de son heur[1] : Périsse la Grandeur
Qui tousjours s'accompaigne et de crainte et de peur !

Tu diras au contraire : Une riche princesse
Est pleine de faveurs, d'honneurs et de richesse,
De Pages, d'Estafiers. Hà ! quand on vient au bien
Du plaisir amoureux, la suite ne vaut rien,
Il se faut cacher d'elle : en cela, l'abondance
De trop de serviteurs porte grande nuisance.
Ou quand on aime bas, jamais on n'est épris
(Comme estant seule à seul) de crainte d'estre pris :
Ou bien s'on est surpris, ce n'est que moquerie
Qui n'apporte à l'Amant querelle ny furie.

Quant à moy bassement[2] je veux tousjours aimer
Et ne veux champion pour les Dames m'armer
Sans grande occasion : toute amour outragée,
Hostesse d'un bon cœur, désire estre vengée.

Avant qu'estre amoureux, loüer je ne pouvois,
Comme simple au mestier, la guerre de deux Rois
Pâris et Ménélas, qui troublèrent l'Asie
Et l'Europe en faveur d'une si belle amie.

Or Ménélas fit bien de la redemander
Par armes, et Pâris par armes la garder :
Car le tendre butin d'une si chère proye
Valoit bien un combat de dix ans devant Troye.

[1] Bonheur. — [2] C'est-à-dire, en bas lieu.

Je les absous du fait ; je serois bien contant
La demander dix ans, et la garder autant.

Achille, ne déplaise à ton Poëte Homère,
Il t'a fait un grand tort! car après ta colère
Jeunement irritée encontre Agamemnon,
Il t'a faict appointer[1] pour ton mort compagnon[2] :
Tu ne devois superbe entrer en telle rage,
Ou tu devois garder plus long temps ton courage[3].

O le brave amoureux! des chevaux viste-pieds,
Des femmes, des talens, des citez, des trépieds
Te firent oublier ton ire généreuse,
Qu'à bon droit tu conceus pour ta belle amoureuse!
Tu devois courroucé, sans te fléchir après,
Brusler ou voir brusler les navires des Grecs.
Mais qui auroit', dy-moy, de te loüer envie ;
Quand tu as plus aimé ton ami que t'amie?
As-tu daigné, coqu, embrasser Briseïs,
Après qu'Agamemnon tes plaisirs a trahis,
Honnissant tes amours? et quoy qu'il jurast d'elle,.
Tu ne devois penser qu'il la rendist pucelle,
Elle jeune et luy jeune, après avoir esté
Couchez en mesme lict la longueur d'un Esté.
Ha! tes gestes sont beaux : mais ton amour légère
Des-honore tes faits et le Romant d'Homère.

Quant à moy, ny talens, ny femme, ny cité,
Ne sauroient appaiser mon courroux despité,
Que je ne porte au cœur une haineuse flame
Contre ce faux parent qui m'a ravi mon âme.

---

[1] Raccommoder. — [2] Patrocle. — [3] Résolution, fermeté de cœur.

IV

Nous fismes un contract ensemble l'autre jour,
Que tu me donnerois mille baisers d'Amour,
Colombins, tourterins, à lèvres demi-closes,
A souspirs souspirans la mesme odeur des roses,
A langue serpentine, à tremblotans regars;
De pareille façon que Vénus baise Mars,
Quand il se pasme d'aise au sein de sa maistresse.
Tu as parfait[1] le nombre, hélas! je le confesse :
Mais Amour sans milieu, ami d'extrémité,
Ne se contente point d'un nombre limité.

Qui feroit sacrifice à Bacchus pour trois grapes,
A Pan pour trois aigneaux? Jupiter, quand tu frapes
De ton foudre la terre (ayant poitry dans l'air
Une poisseuse[2] nué enceinte d'un esclair)
Ta Majesté sans nombre eslance pesle-mesle
Pluye sur pluye espaisse et gresle dessus gresle
Sur champs, mers et forests, sans regarder combien,
Un Prince est indigent qui peut nombrer son bien.
L'abondance appartient à la Maison Royale.
D'abondance en baisers ma Maistresse t'égale.

Or, toy donques, cent fois plus belle que n'estoit
Celle qu'aux bords de Cypre une Conque portoit,
Pressurant les cheveux de sa teste immortelle,
Encore tout moiteux de la mer maternelle ;
Imite-moy ce Dieu, sans estre chiche ainsi
De tes almes[3] baisers, dont mon cœur vit ici.

---

[1] Achevé, complété; *perficere.* — [2] Couleur de poix; *piceus.* — [3] Féconds, bienfaisants; *almus.*

Si tu ne veux conter les langueurs et les peines,
Ny les larmes qui font de mes yeux deux fontaines,
Pourquoy me contes-tu les biens que je reçoy,
Quand je ne conte point les maux que j'ay pour toy?
Car ce n'est la raison de donner par mesure
Tes baisers, quand des maux innombrables j'endure.
Donne-moy donc au lict, ensemble bien unis,
Tes baisers infinis pour mes maux infinis.

―O·V·O―

A GENÈVRE.

Le temps se passe, et se passant, Madame,
Il fait passer mon amoureuse flame,

. . . .

Ah! quand je pense aux extrêmes plaisirs
Que je receus durant toute une année,
J'ay du penser l'âme si estonnée
Qu'elle me fait tout tremblant devenir,
Tant du penser m'est doux le souvenir.
Quand le Printemps poussoit l'herbe nouvelle,
Qui de couleurs se faisoit aussi belle
Qu'est la couleur d'un gaillard Papegay [1]
Bleu, pers [2], gris, jaune, incarnat et vert-gay,
Dès le matin, avant que les avettes
Eussent succé la douceur des fleurettes
Qui embasmoient les jardins d'environ,
Vous amassiez dedans vostre giron,
Comme une fleur entre les fleurs assise,
La couleur jaune, incarnate et la grise,

[1] Perroquet. — [2] Bleu-vert.

Tantost la rousse et la blanche, et aussi
Le rouge œillet, le jaunissant soulci,
La pasquerette aux petites pensées :
L'une sur l'autre en un rond amassées,
Un beau bouquet faisiez de vostre main,
Que vous cachiez une heure en vostre sein :
Puis me baisant, au sortir de la porte
Me le donniez d'une si douce sorte,
Que tout le jour s'en sentoy revenir,
La fleur à l'œil, au cœur le souvenir.

A mon retour des champs ou de la ville,
D'une main blanche à presser bien subtile
Vous m'accolliez, et en cent et cent lieux,
Vous me baisiez et la bouche et les yeux,
De votre langue à baiser bien apprise.

Tantost fronciez les plis de ma chemise,
A chasque ply me baisant, ou mordant
D'un petit trait mon front de vostre dent :
Tantost frisiez de vostre main vermeille
Mes blonds cheveux à l'entour de l'aureille,
Ou me pinsiez, chatoüilliez, et j'estois
Si hors de moy que rien je ne sentois,
Mort de plaisir, tant le plair extresme
Avoit perdu ma raison et moy-mesme.

Mais ce plaisir, que j'alloy recevant,
En peu de jours se perdit comme vent,
Et l'amitié chaudement allumée
S'assoupit toute et devint en fumée,
Fust que le Ciel le commandast ainsi,
Fust vostre faute ou fust la mienne aussi,
Fust par malheur ou par cas d'aventure,

Fust que chacun ensuive sa nature
Par trop incline aux nouvelles amours.
Ah ! fier Destin, nous rompismes le cours,
Sans y penser, de l'amitié première,
Quand plus l'ardeur couroit en sa carrière ;
Si que¹ laissant le vieil pour le nouveau,
Par inconstance et fureur de cerveau,
Tous deux picquez d'estranges frenaisies,
En autre part mismes nos fantaisies :
Si que tous deux faschez de trop de loy,
Fusmes contents de rompre notre foy
Pour la donner à de moindres peut-estre :
Ainsi Amour de toutes choses maistre ;
Ainsi le Ciel et la saison des temps
Furent et sont et seront inconstans.

Puis, de tel fait la faute est excusable.
Vénus qui fut Déesse vénérable,
Navrée au cœur des flames et des dards
De son enfant, aima bien le Dieu Mars,
Ce grand guerrier nourrisson de la Thrace,
Peste et terreur de nostre humaine race :
Puis en quittant les amours de ce Dieu,
Elle choisit Adonis en son lieu :
Puis se faschant d'Adonis, fut éprise
D'un Pastoureau, d'un Phrygian Anchise
Qui habitoit le sommet Idean :
Puis en laissant ce Pasteur Phrygian,
Aima Pâris de la mesme contrée,
Tant elle fut de son plaisir outrée.
Elle fit bien d'avoir de tous pitié :
Rien n'est si sot qu'une vieille amitié.

¹ Tellement que.

VI

CONTRE LES BUCHERONS

DE LA FOREST DE GASTINE.

Quiconque aura premier la main embesongnée
A te coupper, Forest, d'une dure congnée,
Qu'il puisse s'enferrer de son propre baston,
Et sente en l'estomac la faim d'Erisichthon,
Qui coupa de Cérès le chesne vénérable,
Et qui, gourmand de tout, de tout insatiable,
Les bœufs et les moutons de sa mère esgorgea,
Puis pressé de la faim soy-mesme se mangea :
Ainsi puisse engloutir ses rentes et sa terre,
Et se dévore après par les dents de la guerre!

Qu'il puisse, pour venger le sang de nos forests,
Tousjours nouveaux emprunts sur nouveaux interests
Devoir à l'usurier, et qu'en fin il consomme
Tout son bien à payer la principale somme !

Que tousjours sans repos ne face en son cerveau
Que tramer pour-néant quelque dessein nouveau,
Porté d'impatience et de fureur diverse,
Et de mauvais conseil qui les hommes renverse !

Escoute, Bûcheron, arreste un peu le bras :
Ce ne sont pas des bois que tu jettes à bas;
Ne vois-tu pas le sang lequel dégoûte à force
Des Nymphes qui vivoient dessous la dure escorce?

Sacrilége meurdrier¹ ; si on pend un voleur
Pour piller un butin de bien peu de valeur,
Combien de feux, de fers, de morts, et de détresses
Mérites-tu, meschant, pour tuer nos Déesses ?

Forest, haute maison des oiseaux bocagers !
Plus le Cerf solitaire et les Chevreuls légers
Ne paistront sous ton ombre, et ta verte crinière
Plus du Soleil d'Esté ne rompra la lumière.

Plus l'amoureux Pasteur, sus un tronq adossé,
Enflant son flageolet à quatre trous persé,
Son mastin à ses pieds, à son flanc la houlette,
Ne dira plus l'ardeur de sa belle Janette :
Tout deviendra muet ; Écho sera sans vois ;
Tu deviendras campagne, et en lieu de tes bois,
Dont l'ombrage incertain lentement se remuë,
Tu sentiras le soc, le coutre, et la charruë ;
Tu perdras ton silence, et Satyres et Pans,
Et plus le Cerf chez toy ne cachera ses Fans.

Adieu vieille Forest, le joüet de Zéphyre,
Où premier j'accarday les langues de ma Lyre,
Où premier j'entendi les flèches résonner
D'Apollon, qui me vint tout le cœur estonner ;
Où premier, admirant la belle Calliope,
Je devins amoureux de sa neuvaine trope,
Quand sa main sur le front cent roses me jetta,
Et de son propre laict Euterpe m'allaitta.

Adieu vieille Forest, adieu testes sacrées,

¹ Meurtrier ; ce mot n'était compté que pour deux syllabes en vers.

De tableaux et de fleurs en tout temps révérées,
Maintenant le desdain des passans altérés,
Qui bruslez en l'Été des rayons éthérés,
Sans plus trouver le frais de tes douces verdures,
Accusent tes meurtriers, et leur disent injures!

Adieu chesnes, couronne aux vaillans citoyens,
Arbres de Jupiter, germes Dodonéens,
Qui premiers aux humains donnastes à repaistre;
Peuples vrayment ingrats, qui n'ont sçeu recognoistre
Les biens receus de vous, peuples vrayment grossiers,
De massacrer ainsi leurs pères nourriciers!

Que l'homme est malheureux qui au monde se fie!
O Dieux, que véritable est la Philosophie,
Qui dit que toute chose à la fin périra,
Et qu'en changeant de forme une autre vestira!

De Tempé la vallée un jour sera montagne,
Et la cyme d'Athos une large campagne :
Neptune quelquefois de blé sera couvert :
La matière demeure et la forme se perd.

HYMNE [1].

HYMNE DU PRINTEMPS.

A FLEURIMONT ROBERTET,

SEIGNEUR D'ALUYE, SECRÉTAIRE D'ÉTAT.

Je chante, ROBERTET, la saison du Printemps,
Et comme Amour et luy, après avoir long-temps
Combattu le discord de la masse première,
Attrempez [2] de chaleur sortirent en lumière.
Tous deux furent oiseaux, l'un dans les cœurs vola,
L'autre au retour de l'an jouvenceau s'en alla

---

[1] Ces hymnes furent composés à l'imitation d'Homère, d'Orphée, et surtout de Callimaque. La mythologie la plus savante, des allégories astronomiques perpétuelles, un mélange confus de platonisme et de christianisme, font de ces poëmes si admirés en leur temps une lecture presque inintelligible pour nous. Afin d'en donner seulement une idée, nous choisissons l'Hymne du Printemps. — [2] Pénétrés.

Rajeunir contre terre, et pour mieux se conduire
Il se fit compagnon des courriers de Zéphyre.

Zéphyre avoit un rhé d'aimant laborieux,
Si rare et si subtil qu'il decevoit les yeux,
Ouvrage de Vulcan : lequel depuis l'Aurore,
Depuis le jour couchant jusqu'au rivage More,
Tenoit large estendu, pour prendre dans ce rhé
Flore dont le Printemps estoit enamouré.

Or ceste Flore estoit une Nymphe gentille,
Que la terre conceut pour sa seconde fille :
Ses cheveux estoient d'or, annelez et tressez ;
D'une boucle d'argent ses flancs estoient pressez ;
Son sein estoit remply d'esmail et de verdure ;
Un crespe délié luy servoit de vesture,
Et portoit en la main un cofin[1] plein de fleurs
Qui nasquirent jadis du crystal de ses pleurs,
Quand Aquilon voulut la mener en Scythie,
Et la ravir ainsi comme il fit Orithye :
Mais elle cria tant que la Terre y courut,
Et des mains du larron sa fille secourut.

Tousjours la douce manne et la tendre rosée
(Qui d'une vapeur tendre en l'air est composée),
Et la forte Jeunesse au sang chaud et ardant,
Et Amour qui alloit son bel arc desbandant,
Et Vénus qui estoit de roses bien coifée,
Suivoient de tous costez Flore la belle Fée.
Un jour qu'elle dansoit Zéphyre l'espia,
Et tendant ses filets, la print et la lia
En ses rets enlacée, et jeune et toute belle

[1] Petit coffret.

HYMNE.

Au Printemps la donna qui languissoit pour elle.

Si tost que le Printemps en ses bras la receut,
Femme d'un si grand Dieu, fertile elle conceut
Les beautez de la terre, et sa vive semence
Fit soudain retourner tout le monde en enfance.

Alors d'un nouveau chef les bois furent couverts.
Les prez furent vestus d'habillemens tous verds ;
Les vignes, de raisins : les campagnes portèrent
Le froment qu'à foison les terres enfantèrent,
Le doux miel distila du haut des arbrisseaux,
Et le laict savoureux coula par les ruisseaux.

Amour, qui le Printemps, son amy, n'abandonne,
Prit l'arc dedans la main : son dos il environne
D'un carquois plein de traits, puis alla dans la mer
Jusqu'au centre des eaux les poissons enflamer,
Et maugré la froideur des plus humides nuës
Enflama les oiseaux de ses flames cognuës :
Alla par les rochers et par les bois déserts
Irriter la fureur des sangliers et des cerfs,
Et parmi les citez, aux hommes raisonnables
Fit sentir la douleur de ses traits incurables ;
Et en blessant les cœurs d'un amoureux souci,
Avecque la douceur mesla si bien aussi
L'aigreur qui doucement coule dedans les veines,
Et avec le plaisir mesla si bien les peines,
Qu'un homme ne pourroit s'estimer bien-heureux,
S'il n'a senti le mal du plaisir amoureux.
Jupiter s'alluma d'une jalouse envie
Voyant que le Printemps joüyssoit de s'amie :
L'ire le surmonta, puis prenant le couteau
Dont naguère il avoit entamé son cerveau

Quand il conceut Pallas, la Déesse guerrière,
Détrencha le Printemps, et sa saison entière
En trois parts divisa : adonques vint l'Esté
Qui hasla tout le Ciel ; et si ce n'eust esté
Que Junon envoya Iris sa messagère,
Qui la pluye amassa de son aile légère,
Et tempera le feu de moiteuse froideur,
Le Monde fust péri d'une excessive ardeur.

Après l'Automne vint chargé de maladies,
Et l'Hyver qui receut les tempestes hardies
Des vents impétueux qui se boufent si fort
Qu'à peine l'Univers résiste à leur effort,
Et couvrirent, mutins, la terre pesle-mesle
De pluyes, de glaçons, de neiges et de gresle.

Le Soleil, qui aimoit la Terre, se fascha
Dequoy l'Hyver jaloux sa Dame luy cacha,
Et rendit de ses yeux la lumière éclipsée,
Portant dessur le front le mal de sa pensée,
Et, retournant son char à reculons, alla
Devers le Capricorne et se retira là.

Adonques en frayeur ténébreuse et profonde
(Le Soleil estant loing) fust demeuré le Monde
Sans le gentil Printemps, qui le fit revenir
Et soudain derechef amoureux devenir.
D'une chaisne de fer deux ou trois fois retorse
Prenant l'Hyver au corps le garota par force,
Et sans avoir pitié de ce pauvre grison,
L'espace de neuf mois le détint en prison.

Ainsi par le Printemps la terre se fit belle,
Ainsi le beau Soleil retourna devers elle,

HYMNE.   213

Et redoublant le feu de sa première amour,
Monta bien haut au Ciel et allongea le jour,
Afin que plus long temps il embrassast sa femme :
Et ne fust que Téthys a pitié de la flame
Qu'Amour luy verse au cœur, il fust ja consumé.

Mais pour remédier à son mal enflamé,
Elle appelle la Nuit : adonc la Nuit détache,
Ou semble détacher le Soleil qu'elle cache
En la mer, où Téthys refroidit sa chaleur.

Mais luy, qui cache en l'eau sa contrainte douleur,
S'enfuit de son giron, la laissant endormie,
Et, dès l'Aube, à cheval retourne voir s'amie.

Aussi de son costé la Terre cognoist bien
Que de telle amitié procède tout son bien :
Pource, de mille fleurs son visage elle farde,
Et de pareil amour s'échauffe et le regarde.
Comme une jeune fille, à fin de plaire mieux
Aux yeux de son amy, par un soin curieux
S'accoustre et se fait belle, et d'un fin artifice
L'attire doucement à luy faire service :
Ainsi la Terre rend son visage plus beau,
Pour retenir long-temps cet amoureux flambeau
Qui lui donne la vie, et de qui la lumière
Par sa vertu la fait de toutes choses mère.

En l'honneur de cest Hymne, ô Printemps gracieux,
Qui r'appelles l'année, et la remets aux Cieux,
Trois fois je te saluë, et trois fois je te prie
D'élongner tout malheur du chef de mon Alüye,
Et si quelque Maistresse en ces beaux mois icy
Luy tourmente le cœur d'un amoureux soucy,

Fléchi sa cruauté et la rens amoureuse
Autant qu'auparavant elle estoit rigoureuse ;
Et fay que ses beaux ans, qui sont en leur Printemps,
Soient tousjours en amour bien-heureux et contens.

POËMES[1].

PROMESSE.

C'estoit au poinct du jour que les songes certains[2]
D'un faux imaginer n'abusent les humains,
Par la porte de corne entrez en mes pensées,
Des labeurs journaliers débiles et lassées,
Songes qui, sans tromper par une vanité,
Dessous un voile obscur monstrent la vérité.

---

[1] Sous ce titre, les anciens éditeurs de Ronsard ont réuni en deux livres un grand nombre de pièces composées sur divers sujets, soit didactiques, soit de mythologie, soit d'histoire contemporaine. Ce sont, par exemple, *les Armes*, *la Chasse*, *les plaintes de Calypso au départ d'Ulysse*, les aventures *d'Hylas*, de *Narcisse*, ou bien la *Harangue de François de Guise à ses soldats pour la défense de Metz*, etc. Nous ne donnerons que quelques fragments d'un de ces *Poëmes*. — [2] Vrais.

Ainsi que je dormois donnant repos à l'âme,
En songe m'apparut l'image d'une Dame,
Qui monstroit à son port n'estre point de bas lieu,
Ains sembloit, à la voir, sœur ou femme d'un Dieu.

Ses cheveux estoient beaux, et les traits de sa face
Monstroient diversement je ne sçay quelle grâce
Qui dontoit les plus fiers, et d'un tour de ses yeux,
Eust appaisé la mer et serené les Cieux.
Elle portoit au front une majesté sainte ;
Sa bouche en sou-riant de roses estoit peinte :
Elle estoit vénérable, et quand elle parloit,
Un parler emmiellé de sa lèvre couloit ;
Elle avoit le sein beau, la taille droitte et belle :
Et soit qu'elle marchast, soit qu'on approchast d'elle,
Soit riant, soit parlant, soit en mouvant le pas,
Devisant, discourant, elle avoit des appas,
Des rets, des hameçons, et de la glus pour prendre
Les crédules esprits qui la vouloient attendre :
Car on ne peut fuïr, si tost qu'on l'apperçoit,
Que de son doux attrait prisonnier on ne soit,
Tant elle a de moyens, d'engins[1], et de manières
Pour captiver à soy les âmes prisonnières.

Sa robe estoit dorée à boutons par devant :
Elle avoit en ses mains des ballons pleins de vent,
Des sacs pleins de fumée, et des bouteilles pleines
D'honneurs et de faveurs, et de parolles vaines :
Si quelque homme advisé les cassoit de la main,
En lieu d'un ferme corps, n'en sortoit que du vain.
Telle enflure se voit és torrens des vallées,
Quand le dos escumeux des ondes ampoullées

---

[1] Pièges, adresses ; *ingenia*.

S'enfle dessous la pluye en bouteilles, qui font
Une monstre d'un rien, puis en rien se deffont.

Autour de ceste Nymphe erroit une grand' bande
Qui d'un bruit importun mille choses demande :
Seigneurs, soldats, marchans, courtisans, mariniers,
Les uns vont les premiers, les autres les derniers,
Selon le bon visage, et selon la caresse
Que leur fait en riant ceste brave Déesse :
Elle allaicte un chacun d'espérance, et pourtant,
Sans estre contenté, chacun s'en-va contant.
Elle donne à ceux-ci tantost une accolade,
Tantost un clin de teste, et tantost un œillade :
Aux autres elle donne et faveurs et honneurs,
Et de petits valets en fait de grands seigneurs.

A son costé pendille une grande Escarcelle
Large, profonde, creuse, où ceste Damoiselle
Découvroit sa boutique, et en monstroit le front
Tout riche d'apparence, à la façon que font
Les marchands plus rusez, à fin qu'on eust envie,
Voyant l'ombre du bien, de luy sacrer [1] la vie.
Dedans ceste Escarcelle estoient les Éveschez,
Abbayes, Prieurez, Marquisatz et Duchez,
Comtez, Gouvernemens, Pensions, et sans ordre
Pendoit au fond du sac Sainct Michel et son Ordre,
Crédits, faveurs, honneurs, estats petits et hauts,
Connestables et Pairs, Mareschaux, Admiraux,
Chanceliers, Présidens, et autre maint office
Qu'elle promet, à fin qu'on luy face service.

Tous les peuples estoient envieux et ardans

[1] Consacrer; *sacrare.*

D'empoigner l'Escarcelle et de foüiller dedans ;
Admiroient son enflure, et avoient l'âme esmeuë
D'extrême ambition si tost qu'ils l'avoient veuë :
Ils ne pensoient qu'en elle, et, sans plus, leurs desseins
Estoient de la surprendre et d'y mettre les mains :
Et pource, ils accouroient autour de l'Escarcelle,
Comme guespes autour d'une grappe nouvelle.
Quand quelqu'un murmuroit, la Dame l'appaisoit :
Car de sa gibecière, un Leurre elle faisoit,
Qu'elle monstroit au peuple, et comme trop légère,
Aux uns estoit marastre, aux autres estoit mère.
L'un devenoit content sans attendre qu'un jour :
L'autre attendoit vingt ans (misérable séjour [1]),
L'autre dix, l'autre cinq ; puis au lieu d'un Office,
Estat, ou pension, remboursoit leur service,
Ou bien d'un *Attendez,* ou bien *Il m'en souvient* :
Mais telle souvenance en souvenir ne vient.

Le peuple, ce-pendant, souffloit à grosse haleine,
Qui, suant, et pressant, et courant, mettoit peine
De courtizer la Nymphe, et d'un cœur indonté,
Sans craindre le travail, luy pendoit au costé.

En pompe, devant elle, estoit Dame Fortune,
Qui sourde, aveugle, sotte, et sans raison aucune
Par le milieu du peuple à l'aventure alloit
Abaissant et haussant tous ceux qu'elle vouloit,
Et folle et variable, et pleine de malice,
Mesprisoit la vertu, et chérissoit le vice.

Au bruit de telle gent, qui murmuroit plus haut
Qu'un grand torrent d'Hyver, je m'éveille en sursaut,

[1] Repos, attente.

Et voyant près mon lict une Dame si belle,
Je m'enquiers de son nom, et devise avec elle :

« Déesse, approche-toy, conte-moy ta vertu :
D'où es-tu ? d'où viens-tu ? et où loges-tu ?
A voir tant seulement ta brave contenance,
D'un pauvre laboureur tu n'as pris ta naissance :
Tes mains, ton front, ta face, et tes yeux ne sont pas
Semblables aux mortels qui naissent icy bas. »

Ainsi je luy demande, et ainsi la Déesse
Me respond à son tour : « Amy, je suis *Promesse*. »
. . . .

GAIETÉS[1].

○ I ○

L'ALOUETTE.

Hé Dieu, que je portè d'envie
Aux plaisirs de ta douce vie,
Aloüette, qui de l'amour
Degoizes dés le poinct du jour,
Secoüant en l'air la rosée
Dont ta plume est toute arrousée !
Devant que Phœbus soit levé,
Tu enlèves ton corps lavé
Pour l'essuyer près de la nuë,

---

[1] Presque tous les poëtes du seizième siècle ont composé leurs *gaietés* ou *gaillardises*; celles de Ronsard sont des pièces bachiques ou érotiques, plus ou moins joyeuses et libres ; quelques-unes même porteraient plus convenablement un tout autre titre.

GAIETÉS.

Tremoussant d'une aile menuë ;
Et te sourdant¹ à petits bons,
Tu dis en l'air de si doux sons
Composez de ta tirelire²,
Qu'il n'est amant qui ne désire,
T'oyant chanter au Renouveau³,
Comme toy devenir oiseau.

Quand ton chant t'a bien amusée,
De l'air tu tombes en fusée
Qu'une jeune pucelle au soir
De sa quenoüille laisse choir
Quand au foyer elle sommeille,
Frappant son sein de son aureille ;
Ou bien quand en filant le jour
Voit celuy qui luy fait l'amour
Venir près d'elle à l'impourveuë⁴,
De honte elle abbaisse la veuë,
Et son tors fuseau délié
Loin de sa main roule à son pié.
Ainsi tu roules, Aloüette,
Ma doucelette mignonnette,
Qui plus qu'un Rossignol me plais
Qui chante en un boccage espais.

Tu vis sans offenser personne,
Ton bec innocent ne moissonne
Le froment, comme ces oiseaux
Qui font aux hommes mille maux,
Soit que le bled rongent en herbe,
Ou soit qu'ils l'égrainent en gerbe :

---

¹ T'élevant ; *surgens*. — ² Onomatopée imitant le cri de l'alouette. — ³ Printemps. — ⁴ A l'improviste.

Mais tu vis par les sillons vers
De petits fourmis et de vers,
Ou d'une mouche, ou d'une achée [1];
Tu portes aux tiens la béchée,
A tes fils non encor ailez,
D'un blond duvet emmantelez.

A grand tort les fables des Poëtes
Vous accusent vous, Aloüettes,
D'avoir vostre père hay
Jadis jusqu'à l'avoir trahy,
Coupant de sa teste Royale
La blonde perruque fatale,
En laquelle un poil il portoit
En qui toute sa force estoit [2].
Mais quoy ? vous n'estes pas seulettes
A qui la langue des Poëtes
A fait grand tort : dedans le bois
Le Rossignol à haute vois,
Caché dessous quelque verdure,
Se plaint d'eux, et leur dit injure.
Si fait bien l'Arondelle aussi
Quand elle chante son cossi [3] :
Ne laissez pas pourtant de dire
Mieux que devant la tirelire,
Et faites crever par despit
Ces menteurs de ce qu'ils ont dit.

Ne laissez, pour cela, de vivre
Joyeusement, et de poursuivre

---

[1] Petit ver. — [2] Selon la fable, Scylla, fille de Nisus, à la prière de Minos, son amant, coupa le cheveu d'or auquel était attachée la fortune de son père, et fut changée en alouette. — [3] Onomatopée, imitant le cri de l'hirondelle.

A chaque retour du Printemps
Vos accoustumez passetemps :
Ainsi jamais la main pillarde
D'une pastourelle mignarde,
Parmy les sillons espiant
Vostre nouveau nid pepiant[1],
Quand vous chantez, ne le desrobe
Ou dans sa cage ou sous sa robe.

Vivez, oiseaux, et vous haussez
Tousjours en l'air, et annoncez
De votre chant et de vostre aile
Que le Printemps se renouvelle.

○ II ○

LE FRESLON.

A REMY BELLEAU.

Qui ne te chanterait, Freslon,
De qui le piquant aiguillon
Releva l'Asne de Silène,
Quand les Indois[2] parmi la plaine
Au milieu des sanglans combas
Le firent tresbucher à bas ?
Bien peu servoit au vieillard d'estre,
De Bacchus gouverneur et Prestre :
Captif, ils l'eussent fait mourir,
Sans toy qui les vins secourir.

Déjà la troupe des Menades,

---

[1] Mot formé par onomatopée pour rendre les petits cris de la couvée dans son nid. — [2] Indiens. Selon la mythologie, Bacchus fit la conquête de l'Inde.

Des Mimallons et des Thyades
Tournoient le dos, et de Bacchus
Jà déjà les soldats vaincus
Jetoient leurs lances enthyrsées [1],
Et leurs armeures hérissées
De peaux de Lynces, et leur Roy
Déjà fuyoit en désarroy,
Quand Jupiter eut souvenance
Qu'il estoit né de sa semence.

Pour aider à son fils peureux,
Il fit sortir d'un Chesne creux
De Freslons une fière bande,
Et les irritant leur commande
De piquer la bouche et les yeux
Des nuds Indois victorieux.

A peine eut dit, qu'une grand' nue
De poignans Freslons est venuë
Se desborder toute à la fois
Dessus la face des Indois,
Qui plus fort qu'un gresleux orage
De coups martela leur visage :

Là sur tous, un Freslon estoit,
Qui brave par l'air se portoit
Sur quatre grand's ailes dorées :
En maintes lames colorées
Son dos luisoit par la moitié :
Luy courageux, ayant pitié
De voir au milieu de la guerre
Silène et son Asne par terre,

---

[1] Entourées de feuilles de vignes, en thyrse.

Piqua cet Asne dans le flanc
Quatre ou cinq coups jusques au sang.
L'Asne, qui soudain se réveille
Dessous le vieillard, fit merveille
De si bien mordre à coup de dens,
Ruant des pieds, que le dedans
Des plus espesses embuscades
Ouvrit en deux, de ses ruades,
Tellement que luy seul tourna
En fuite l'Indois, et donna
A Bacchus estonné la gloire
Et le butin de la victoire.

Lors Bacchus, en lieu d'un bienfait
Que les Freslons luy avoient fait,
Leur ordonna pour récompense
D'avoir à tout jamais puissance
Sur les vignes, et de manger
Les raisins prests à vendanger,
Et boire du moust dans la tonne
En bourdonnant, lorsque l'Autonne
Amasse des coutaux voisins
Dedans le pressoüer les raisins,
Et que le vin nouveau s'escoule
Sous le pied glueux qui le foule.

Or vivez, bien-heureux Freslons,
Tousjours de moy vos aiguillons
Et de BELLEAU soient loin à l'heure
Que la vendange sera meure :
Et rien ne murmurez, sinon
Par l'air que de BELLEAU le nom,
Nom qui seroit beaucoup plus digne
D'estre dit par la voix d'un Cygne.

POÉSIES DIVERSES [1].

I

Je vous envoye un bouquet que ma main
Vient de trier de ces fleurs épanies [2] :
Qui ne les eust à ce vespre [3] cueillies,
Cheutes [4] à terre elles fussent demain.

Cela vous soit un exemple certain
Que vos beautez, bien qu'elles soient fleuries,
En peu de temps cherront toutes flaitries,
Et comme fleurs périront tout soudain.

Le temps s'en va, le temps s'en va, ma Dame,

---

[1] Sous ce titre sont réunis un certain nombre de sonnets, chansons, épîtres, etc., que les anciens éditeurs avaient jugé à propos d'exclure des divisions précédentes, pour les rejeter à la fin. — [2] Épanouies ; *expandere*. — [3] Soir ; *vesper*. — [4] Pour *cheues*.

Las ! le temps, non, mais nous, nous en allons,
Et tost serons estendus sous la lame :

Et des amours desquelles nous parlons,
Quand serons morts, ne sera plus nouvelle :
Pour ce, aymez-moy, ce pendant qu'estes belle.

II

Je ne suis seulement amoureux de Marie,
Anne me tient aussi dans les liens d'Amour ;
Ores l'une me plaist, ores l'autre à son tour :
Ainsi Tibulle aymoit Némésis et Délie.

Un loyal me dira que c'est une folie
D'en aymer, inconstant, deux ou trois en un jour,
Voire, et qu'il faudroit bien un homme de séjour [1],
Pour, gaillard, satisfaire à une seule amie.

Je respons, Chérouvrier, que je suis amoureux,
Et non pas joüissant de ce bien doucereux,
Que tout amant souhaitte avoir à sa commande.

Quant à moy, seulement je leur baise la main,
Les yeux, le front, le col, les lèvres, et le sein,
Et rien que ces biens-là, Chérouvrier, ne demande.

III

Bien que vous surpassiez en grâce et en richesse
Celles de ce pays et de toute autre part,

[1] De loisir, en repos.

Vous ne devez pourtant, et fussiez-vous Princesse,
Jamais vous repentir d'avoir aymé Ronsard

C'est luy, Dame, qui peut avecque son bel art,
Vous affranchir des ans, et vous faire Déesse :
Il vous promet ce bien, car rien de lui ne part
Qui ne soit bien poli, son siècle le confesse.

Vous me responderez, qu'il est un peu sourdaut
Et que c'est déplaisir en amour parler haut :
Vous dites vérité, mais vous célez après,

Que luy, pour vous ouyr, s'approche à vostre oreille,
Et qu'il baise à tous coups vostre bouche vermeille
Au milieu des propos, d'autant qu'il en est près.

IV

L'an se rajeunissoit en sa verte jouvence,
Quand je m'épris de vous, ma Sinope cruelle :
Seize ans estoit la fleur de vostre âge[1] nouvelle,
Et vostre teint sentoit encores son enfance.

Vous aviez d'une infante encor la contenance,
La parolle et les pas : vostre bouche estoit belle,
Vostre front et vos mains dignes d'une Immortelle,
Et vostre œil qui me fait trespasser quand j'y pense.

Amour, qui ce jour-là si grandes beautez vit,
Dans un marbre, en mon cœur, d'un trait les escrivit :
Et si pour le jourd'hui vos beautez si parfaites

---

[1] Ce mot était encore des deux genres à volonté.

Ne sont comme autrefois, je n'en suis moins ravy :
Car je n'ay pas égard à cela que vous estes,
Mais au doux souvenir des beautez que je vy.

-o V o-

Je veux lire en trois jours l'Iliade d'Homère,
Et pour ce, Corydon, ferme bien l'huis sur moy :
Si rien me vient troubler, je t'asseure ma foy,
Tu sentiras combien pesante est ma colère.

Je ne veux seulement que nostre chambrière
Vienne faire mon lit, ton compagnon, ny toy;
Je veux trois jours entiers demeurer à requoy[1],
Pour follastrer après une sepmaine entière.

Mais si quelqu'un venoit de la part de Cassandre,
Ouvre-luy tost la porte, et ne le fais attendre,
Soudain entre en ma chambre, et me vien accoustrer[2].

Je veux tant seulement à luy seul me monstrer :
Au reste, si un Dieu vouloit pour moy descendre
Du Ciel, ferme la porte, et ne le laisse entrer.

-o VI o-

A LA RIVIÈRE DU LOIR.

Respon-moy, meschant Loir, me rens-tu ce loyer
Pour avoir tant chanté ta gloire et ta loüange?
As-tu osé, barbare, au milieu de ta fange,
Renversant mon bateau, sous tes flots m'envoyer?

[1] En retraite. — [2] Habiller.

Si ma plume eust daigné seulement employer
Six vers à célébrer quelque autre fleuve estrange,
Quiconque soit celuy, fust-ce le Nil, ou Gange,
Le Danube ou le Rhin, ne m'eust voulu noyer.

Pindare, tu mentois, l'eau n'est pas la meilleure
De tous les Élémens : la terre est la plus seure,
Qui de son large sein tant de biens nous départ.

O fleuve Stygieux, descente Achérontide,
Tu m'as voulu noyer, de ton chantre homicide,
Pour te vanter le fleuve où se noya RONSARD.

VII

ENVOI D'UNE CHANSON.

Chanson, va-t'en, je t'adresse
Dans la chambre de ma maîtresse ;
Dy-luy, baisant sa blanche main,
Que, pour en santé me remettre,
Il ne luy faut sinon permettre
Que tu te caches dans son sein.

VIII

L'AMOUR OYSEAU.

Un enfant dedans un bocage
Tendoit finement ses gluaux,
A fin de prendre des oyseaux
Pour les emprisonner en cage,
Quand il veit, par cas d'aventure,
Sur un arbre Amour emplumé,
Qui voloit par le bois ramé

Sur l'une et sur l'autre verdure.

L'enfant, qui ne cognoissoit pas
Cet oyseau, fut si plein de joye,
Que pour prendre une si grand' proye
Tendit sur l'arbre tous ses las.

Mais quand il vit qu'il ne pouvoit
(Pour quelques gluaux qu'il peust tendre)
Ce cauteleux oyseau surprendre
Qui voletant le décevoit,

Il se print à se mutiner,
Et jettant sa glus de colère,
Vint trouver une vieille mère,
Qui se mesloit de deviner.

Il luy va le fait avoüer,
Et sur le haut d'un buy luy monstre,
L'oyseau de mauvaise rencontre,
Qui ne faisoit que se joüer.

La vieille en branlant ses cheveux
Qui ja grisonnoient de vieillesse,
Luy dit : « Cesse, mon enfant, cesse,
Si bien tost mourir tu ne veux,

« De prendre ce fier animal,
Cet oiseau, c'est Amour qui vole,
Qui tousjours les hommes affole
Et jamais ne fait que du mal.

« O que tu seras bien-heureux
Si tu le fuis toute ta vie,

Et si jamais tu n'as envie
D'estre au rolle des amoureux.

« Mais j'ay grand doute qu'à l'instant
Que d'homme parfait auras l'âge,
Ce mal-heureux oyseau volage,
Qui par ces arbres te fuit tant,

« Sans y penser te surprendra,
Comme une jeune et tendre queste,
Et foullant de ses pieds ta teste,
Que c'est que d'aimer t'apprendra. »

o IX o

A MAGDELEINE.

Les fictions, dont tu décores
L'ouvrage que tu vas peignant,
D'Hyacinth', d'Europe, et encores
De Narcisse se complaignant
De son ombre le dédaignant,

Ne sont pas dignes de la peine
Qu'en vain tu donnes à tes doits :
Car plustost soit d'or, soit de laine
Ta toile peindre toute pleine
De ton tourment propre tu dois.

Quand je te voy, et voy encore
Ce vieil mary que tu ne veux,
Je voy Tithon, et voy l'Aurore :
Luy, dormir ; elle, ses cheveux
Refrisotter de mille nœuds,

POÉSIES DIVERSES.

Pour aller chercher son Céphale,
Et quoy qu'il soit alangoré [1]
De voir sa femme morte et pâle,
Si suit-il celle qui égale
Les roses d'un front coloré.

Parmy les bois errent ensemble
Se soulant de plaisir mais las !
Jamais le jeune Amour n'assemble
Un vieillard de l'amour si las
A un Printemps tel que tu l'as.

-o X o-

AUX MOUCHES A MIEL.

Où allez-vous, filles du Ciel,
Grand miracle de la Nature ?
Où allez-vous, mouches à miel,
Chercher aux champs vostre pasture ?
Si vous voulez cueillir les fleurs
D'odeur diverse et de couleurs,
Ne volez plus à l'avanture.

Autour de Cassandre halénée
De mes baisers tant bien donnez
Vous trouverez la rose née,
Et les œillets environnez
Des florettes ensanglantées
D'Hyacinthe, et d'Ajax, plantées
Près des lys sur sa bouche nez.

Les majorlaines y fleurissent,
L'amôme y est continuel,

[1] Mis en langueur, en tristesse ; *languor.*

Et les Lauriers qui ne périssent
Pour l'Hyver, tant soit-il cruel ;
L'anis, le chèvrefueil qui porte
La manne qui vous reconforte,
Y verdoye perpétuel.

Mais, je vous pri', gardez-vous bien,
Gardez-vous qu'on ne l'éguillonne,
Vous apprendrez bien tost combien
Sa pointure est trop plus félonne ;
Et de ses fleurs ne vous soulez
Sans m'en garder, si ne voulez
Que mon âme ne m'abandonne.

XI

AU ROSSIGNOL.

Gentil Rossignol passager,
Qui t'es encor venu loger
Dedans ceste fraische ramée
Sur ta branchette accoustumée,
Et qui nuit et jour de ta vois
Assourdis les mons et les bois,
Redoublant la vieille querelle
De Térée et de Philomèle ;

Je te supplie (ainsi tousjours
Puisses joüir de tes Amours !)
De dire à ma douce inhumaine,
Au soir, quand elle se promeine
Ici pour ton nid espier,
Que jamais ne faut se fier
En la beauté ny en la grâce
Qui plustost qu'un songe se passe.
Dy-luy que les plus belles fleurs

En Janvier perdent leurs couleurs,
Et quand le mois d'Avril arrive
Qu'ell' revestent leur beauté vive :
Mais quand des filles le beau teint
Par l'âge est une fois esteint,
Dy-luy que plus il ne retourne,
Mais bien qu'en sa place séjourne
Au haut du front je ne sçay quoy
De creux à coucher tout le doy :
Et toute la face seichée
Devient comme une fleur touchée
Du soc aigu : dy-luy encor
Qu'après qu'elle aura changé l'or
De ses blonds cheveux, et que l'âge
Aura crespé[1] son beau visage,
Qu'en vain lors elle pleurera,
Dequoy jeunette elle n'aura
Prins les plaisirs qu'on ne peut prendre
Quand la vieillesse nous vient rendre
Si froids d'amour et si perclus,
Que les plaisirs ne plaisent plus.

Mais, Rossignol, que ne vient-elle
Maintenant sur l'herbe nouvelle
Avecques moy dans ce buisson ?
Au bruit de ta douce chanson,
Je luy ferois sous la coudrette
Sa couleur blanche vermeillette.

○ XII ○

T'oseroit bien quelque Poëte
Nier[2] des vers, douce Alouette?

---

[1] Ridé, crispé ; *crispare*. — [2] Refuser ; *negare*.

Quant à moy je ne l'oserois :
Je veux célébrer ton ramage
Sur tous oyseaux qui sont en cage,
Et sur tous ceux qui sont és bois.

Qu'il te fait bon oüir à l'heure
Que le bouvier les champs labeure [1],
Quand la terre le Printemps sent,
Qui plus de ta chanson est gaye,
Que courroucée de la playe
Du soc, qui l'estomac lui fend !

Si-tost que tu es arrosée,
Au poinct du jour, de la rosée,
Tu fais en l'air mille discours :
En l'air, des aisles tu frétilles,
Et pendue au Ciel, tu babilles,
Et contes aux vents tes amours.

Puis du Ciel tu te laisses fondre
Dans un sillon verd, soit pour pondre,
Soit pour esclore ou pour couver,
Soit pour apporter la béchée
A tes petits, ou d'une achée,
Ou d'une chenille, ou d'un ver.

Lors moy, couché dessus l'herbette,
D'une part j'oy ta chansonnette ;
De l'autre, sus du poliot [2],
A l'abry de quelque fougère,
J'escoute la jeune Bergère
Qui dégoise son lerelot [3].

---

[1] Pour *laboure*. — [2] *Polion*, thym de montagne. — [3] Chante son refrain. *Lerelot* est un refrain populaire comme *landerira*,

POÉSIES DIVERSES.

Lors je dy : Tu es bien-heureuse,
Gentille Aloüette amoureuse,
Qui n'a peur ny soucy de riens,
Qui jamais au cœur n'a sentie
Les desdains d'une fière amie,
Ny le soin d'amasser des biens.

Ou si quelque soucy te touche,
C'est, lors que le Soleil se couche,
De dormir, et de réveiller
De tes chansons avec l'Aurore,
Et Bergers, et passans encore,
Pour les envoyer travailler.

Mais je vy tousjours en tristesse,
Pour les fiertez d'une maistresse,
Qui paye ma foy de travaux [1],
Et d'une plaisante mensonge [2],
Mensonge qui tousjours alonge
La longue trame de mes maux.

XIII

ÉPITAPHE

DE FRANÇOIS RABELAIS [3].

Si d'un mort qui pourri repose
Nature engendre quelque chose,
Et si la génération

la *faridondaine*, etc. — [1] Peines, ennuis, dans le sens du latin *labores*. — [2] Ce mot était encore des deux genres à volonté. — [3] Ronsard et Rabelais n'avaient pas vécu en bonne intelligence, lorsque Ronsard habitait le château de Meudon chez le cardinal de Guise et que Rabelais était curé de ce village.

Est faicte de corruption,
Une vigne prendra naissance
De l'estomac et de la pance
Du bon Biberon qui boivoit
Tousjours ce pendant qu'il vivoit.
Car, d'un seul traict, sa grande gueule
Eust plus beu de vin toute seule
(L'épuisant du nez en deux cous)
Qu'un porc ne hume de laict dous,
Qu'Iris de fleuves, ne qu'encore
De vagues le rivage More.

Jamais le Soleil ne l'a veu,
Tant fust-il matin, qu'il n'eust beu,
Et jamais le soir la nuict noire,
Tant fust tard, ne l'a veu sans boire,
Car altéré, sans nul séjour [1],
Le galant boivoit nuict et jour.

Mais quand l'ardente Canicule
Ramenoit la saison qui brûle,
Demi-nus se troussoit les bras,
Et se couchoit tout plat à bas
Sur la jonchée [2] entre les tasses,
Et parmy des escuelles grasses
Sans nulle honte se toüillant,
Alloit dans le vin barboüillant
Comme une grenouille en la fange :

Puis, yvre, chantoit la loüange
De son amy le bon Bacchus,

---

[1] Loisir; repos.— [2] On jonchait d'herbe fraîche en été et quelquefois de fleurs le plancher des appartements.

Comme sous luy furent vaincus
Les Thébains, et comme sa mère
Trop chaudement receut son père,
Qui en lieu de faire cela,
Las ! toute vive la brûla.

Il chantoit la grande massuë,
Et la Jument de Gargantuë,
Le grand Panurge, et le païs
Des Papimanes ébahis ;
Leurs loix, leurs façons et demeures,
Et frère Jean des Antoumeures,
Et d'Épistème les combas [1] :
Mais la mort qui ne boivoit pas,
Tira le Beuveur de ce monde,
Et ores le fait boire en l'onde,
Qui fuit trouble dans le giron
Du large fleuve d'Achéron.

Or toy quiconque sois qui passes,
Sur sa fosse répan des tasses,
Répan du bril [2], et des flacons,
Des cervelas, et des jambons :
Car si encor dessous la lame
Quelque sentiment a son âme,
Il les aime mieux que les Lis,
Tant soient-ils fraischement cueillis.

[1] Le roman de *Gargantua* et de *Pantagruel*. — [2] Du cristal du verre.

FIN.

www.ingramcontent.com/pod-product-compliance
Lightning Source LLC
Chambersburg PA
CBHW070645170426
43200CB00010B/2126